4차 산업혁명 시대

공직자의
가감승제

4차 산업혁명 시대

공직자의 가감승제

초판 1쇄 인쇄일 2019년 5월 20일
초판 1쇄 발행일 2019년 5월 27일

지은이 최홍수
펴낸이 양옥매
디자인 송다희 임흥순 표지혜

펴낸곳 도서출판 책과나무
출판등록 제2012-000376
주소 서울특별시 마포구 방울내로 79 이노빌딩 302호
대표전화 02.372.1537 팩스 02.372.1538
이메일 booknamu2007@naver.com
홈페이지 www.booknamu.com
ISBN 979-11-5776-714-4(03300)

이 도서의 국립중앙도서관 출판예정도서목록(CIP)은
서지정보유통지원시스템 홈페이지(http://seoji.nl.go.kr)와
국가자료종합목록시스템(http://www.nl.go.kr/kolisnet)에서 이용하실 수
있습니다. (CIP제어번호: CIP2019014255)

4차 산업혁명 시대

최홍수 지음

공직자의 가감승제

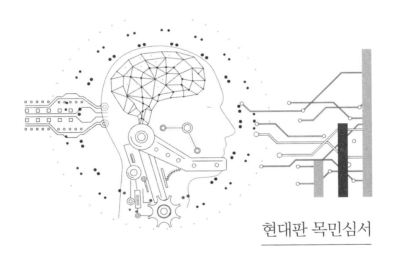

현대판 목민심서

책나무

좌대 坐待

서화이소삭 西華已蕭索 북채상혼몽 北寨尙昏蒙
좌대문명조 坐待文明朝 천동일욕홍 天東日欲紅

● 서쪽 남송은 이젠 쓸쓸해졌고, 북쪽 금나라는 오히려 아직 어둡고 미개하
　구나. 앉아서 문명의 아침을 기다리니, 하늘 동쪽(고려/한국)에서 해가
　붉게 솟으려 하네.

　──「좌대 坐待('한반도 시대'를 앉아서 기다림)」는 진화 陳澕(미상, 고려 후기의
문신, 문장가)가 금나라에 사신으로 가면서 지은 한시로「봉사입금 奉使入金」
이라고도 한다. 진화는 이 시에서 세계사(송금교체기)의 거대한 전환기에
'문명의 아침'이 우리나라(고려/한국)로부터 시작되는 것을 강조.

　지금 이 시대에도 세기의 담판인 북미회담이 열리는 등 세계사의 일대 전환
기이고 4차 산업혁명의 거대한 물결이 몰려와 점점 빠르게 흐르고 있다. 4차
산업혁명 시대에 우리 모두가 특히 공직자가 공직자의 가감승제를 잘 체득하
여 역량을 강화하고 행복해지면서 신뢰가 넘치는 대한민국을 만들어 '한반도
시대'를 열고 세계를 선도하기를 희망하면서「좌대」를 인용.

저자는 이 책 제3부의 '시민 영웅 이야기, 묵공 영웅 이야기, 청렴 사연 수기' 등을 읽거나 들으면서 우리나라가 뜨겁게 살아 움직이고 있다는 느낌에 저절로 감격의 눈물이 흘러 벅찬 감정을 억누를 수가 없었다. 이런 뜨거운 감정이 책을 쓰게 된 동기 중 하나이며 이 책에 본인의 영혼을 담았다.

화합과 포용
——— '4차 산업혁명'이라는 용어는 2016년 다보스 세계경제포럼WEF, World Economic Forum 이후 요즘 우리가 제일 많이 접하는 말 중 하나가 되었다. 4차 산업혁명 시대에는 사회관계가 수직적이고 수평적인 것이 혼재하는 관계로 변화하므로 이전 시대의 수직적 규제와 방식을 과감하게 통째로 바꾸어야 한다. 공공부문의 역할도 많이 달라져야 하고, 공직자들도 4차 산업혁명 시대에 맞추어 획기적으로 달라져야 한다. 4차 산업혁명 시대의 공직자는 양극화 해소, 갈등 조정, 화합과 협력, 선도와 지원, 양보와 타협, 소통과 공감, 포용과 상생 등의 역할이 더욱더 중요하다.

마녀사냥과 격려
——— 사법농단, 국정원 댓글 조작, 공사채용 비리, 음주운전, 독방거래, 재판청탁, 버닝썬 경찰유착 등으로 공직자들에 대한 국민의 믿음과 신뢰가 땅에 떨어졌다. 심지어 일부 언론과 국민들은 모든 공직자가

부패한 것처럼 마녀사냥 식으로 몰아붙인다. 그렇다 보니 정직하고 선량한 공직자들마저 근무 의욕을 잃고 일손을 놓으려는 경향이 있고, 공직을 아예 떠나 민간 기업이나 학계로 옮기는 현상도 늘어나고 있다. 그래서 진정한 묵공 영웅 및 남들 모르게 묵묵히 열심히 근무하는, 영혼이 있는 공직자들의 사례를 소개하여 공직자들을 격려하고자 한다.

공직자들이 글로벌 경쟁시대에 국민들을 행복의 길로 이끌 수 있도록 우리 국민들과 언론들은 공직자가 잘못한 행동은 기탄없이 꾸짖어 고치도록 하되, 잘한 행동에는 아낌없는 격려와 칭찬으로 사기를 북돋아 주시기를 간곡히 당부드린다.

행복과 사명

—— 공직자 스스로도 공직자의 가감승제 및 사자성어 등을 통해 자신의 능력을 업그레이드하고 근무역량을 강화하며, 4차 산업혁명 시대의 새로운 패러다임과 트렌드를 잘 소화하여 활용한다면, 국민도 신이 나고 우리나라도 지속적으로 업그레이드할 수 있을 것이다. 그러므로 공직자들은 이 책을 통해 공직자의 사명감과 역할에 대해 다시 한 번 생각하는 시간을 갖고 공직의 보람뿐만 아니라 공확행(행복)도 느끼게 되기를 희망한다.

파괴적 혁신과 경제적 돌파구

—— 우리나라 밖은 글로벌 경제보호주의가 확산되고, 나라 안으로는 고령화, 저출산, 저성장, 취업난, 잠재성장률 하락 등으로 경제활동이 위축되며 양극화가 심화되고 있어 우리나라는 안팎으로 많은 어려움

에 직면해 있다. 우리나라가 여러 어려움을 극복하고 다시 도약하여 방탄소년단 등 K팝 스타의 노래가 세계 곳곳에서 불러지고, 우리 기업이 만든 상품이 세계 각국에서 두각을 나타내도록 우리 국민들뿐만 아니라 공직자들 역시 창조적 아이디어를 개발하고 창조적 파괴와 파괴적 혁신을 통해 경제적 돌파구Economic Breakthrough와 새로운 성장 동력을 찾아야 한다.

코페르니쿠스적 전환, 한반도 시대와 세방화
—— 2018년 2월 평창동계올림픽을 계기로 남북 간에 대화의 물꼬가 트여 4월 27일을 시작으로 3차례 남북정상회담을 개최하였다. 올해에도 남북정상회담이 추가로 열릴 것 같다. 1948년 북한 정권 수립 이후 70년 동안 적대와 갈등을 거듭하던 북한과 미국도 반목과 대립관계를 청산하고, 2018년 6월 12일 싱가포르에서 '세기의 담판' 역사적인 북미정상회담을 열고 한반도 비핵화 등 4개 항의 공동성명을 발표했다. '세기의 재再담판'인 2차 북미정상회담이 금년 2월 27일, 28일 양일 간 베트남 하노이에서 열려, 제재 완화와 비핵화에 대한 북미 양측의 의견 차이로 성과가 없었지만 양일 간 서로 대화를 나누고 상호이해와 신뢰를 높인 것은 의미 있는 진전으로 볼 수 있다.

북미관계가 순조롭게 잘 개선되어 한반도에 평화가 정착된다면 남북이 공동으로 번영하여 '한민족의 기상'을 전 세계에 떨칠 천재일우의 기회가 될 것이고 우리의 소원인 통일도 앞당겨질 것이다. 이처럼 좋은 기회에 공직자들뿐만 아니라 온 국민이 일치단결하여 한국인의 기상을 드높일 수 있는 생태계를 조성하고 한반도 완전한 비핵화 이후의 급변하는 상황을 선도하여, 한반도 시대를 열고 세방화를 통해 세계를 리드하기 위해서는 기존의 상식을 뒤엎는 코페르니쿠스적 발상 전환이 필요하고 동시에 혁신적 마인드로 무장하여야 한다.

안보와 신뢰

—— '노동과 복지, 성장과 분배, 정치 성향' 등에 대해서는 연령, 지역, 이념에 따라 견해가 다를 수도 있지만, 나라의 존망인 국가 안보와 우리나라의 선진 강국 진입이라는 대사명大使命 앞에는 국민이든 공직자든 다른 견해가 있을 수 없다. 국가가 있어야 너와 나, 가정과 기업이 활동할 수 있는 무대와 장소가 있으며, 여야와 좌파 우파, 노사 및 민관군 등 모든 국민이 힘을 합쳐 노력해야 우리나라가 선진 신뢰 국가로 진입할 수 있다.

궁극적으로는 이 책이 신뢰 국가를 만들어 나가는데 앞장서서 중심역할을 하고 있는 공직자 여러분에게 '신나게'와 '행복'이라는 단어를 느끼고 체험할 수 있는 안내자가 되고, 공직자의 행복 수준을 업그레이드 하는 길잡이가 되어 마음의 여유를 가져다주기를 간절히 희망한다. 공직자 여러분, 지금 바로 힘을 내어 신나게 행복하시기를 기원합니다.

이 책이 나오기까지 애쓰신 모든 분께, 특히 좋은 의견과 자료를 보내주신 국민권익위원회 권근상 국장, 공정거래위원회 정창회 사무관, 최규학, 도서출판 책과나무에 진심으로 감사를 드린다. 또한 독자와 공직자 여러분의 많은 지도편달을 기대합니다. 감사합니다.

신용어와 하트

------ 이 책에서 저자는 공직자의 행복과 신뢰 국가의 비결을 제시하면서, 행복과 신뢰와 관련된 새로운 용어를 만들어 냈다. 혁공革公, 사공四公, 묵공黙公, 행공幸公, 신국信國, 하늘인터넷, 대확행, N起세대, 나(공직자)작지부터, 5업(심모언행전 Up), 인생5사운동, 행복학위, 왕따 효과, 6가지 감사, 종감사득감사 종불평득불평, 공라밸, 공확행, 12388234, 착着조선, 헬로HELLO조선, 정정경경법법문문교교민민政政經經法法文文教教民民, 국회掬會, 사법부詐法府 등이니, 새로운 용어를 좋은 의도로 널리 사용하기를 기대한다.

------ 공직을 사랑하고, 국민, 한국, 세계, 평화도 사랑하자는 마음에서 각 장 서두의 ♥(하트) 위에 '공직, 국민, 한국, 세계, 평화'라는 단어를 기재하였다.

이 책은 『4차 산업혁명 시대 공직자의 가감승제』라는 제목으로 신나게 새로워지는(혁신하는) 공직자인 '혁공革公', 신나게 가감승제(사칙四則)를 잘 하는 공직자인 '사공四公', 신나게 묵묵默默히 열심히 일하는 공직자인 '묵공默公', 신나게 행복幸福해지는 공직자인 '행공幸公', 신나게 공정한 신뢰 국가信賴國家인 '신국信國' 등 5부로 편집되어 있어 현대판 목민심서라 할 수 있다.

제1부 **혁공**革公에서는, 초연결, 초지능, 초융합을 특징으로 하는 4차 산업혁명 시대의 핵심(포노 사피엔스, 4S, 5G, 플랫폼, 인공지능, 빅데이터, 사물인터넷, 자율주행차, 블록체인)과 적기조례에 대해 사자성어 등을 이용하여 쉽고 재미있게 설명하였다. 아울러 4차 산업혁명의 핵심기술이 융합되고 활용되면서 나타나는 새로운 트렌드인 디지털경제, 디지털격차, 미코노미, 공유경제, 경험경제, 온디맨드경제, 구독경제, 무인경제와 더불어 소확행, 대확행, 중산층에 대한 기준 등을 소개하였다. 공직자들이 제1부 혁공의 내용을 잘 소화하여 활용한다면 한층 더 신나게 새로워질 것으로 확신한다.

제2부 **사공**四公에서는, 공직자로서 잘 해야 할 사칙四則인 공직자의 가

감승제 즉, 공직자가 더할 것(청렴, 신뢰, 포용, 역량), 뺄 것(적폐, 부패, 막말, 규제), 곱할 것(사랑, 상생, 웃음, 격려), 나눌 것(행복, 기쁨, 슬픔, 재산)을 제시하였다. 공직자가 영혼을 가지고 신뢰와 청렴을 더하고, 부패와 적폐를 빼고, 웃음과 격려를 곱하고, 기쁨과 슬픔을 나누면서 묵묵히 선을 행하며 신나게 근무한다면 국가도 국민도 신나게 된다는 것을 강조하였다.

제3부 묵공黙公에서는, 진정한 시민 영웅인 횡단보도의 영웅, 고속도로의 영웅, 초인종의 영웅 사례와 진정한 묵공 영웅인 백성의 종 반석평, 인간쓰레기 파락호 김용환, 대한민국 응급의료계의 별 윤한덕, 헬멧이 녹아내리는 불길 속에서 아이를 구한 소방관들, 수색작전 중 북한 지뢰에 다리를 잃은 부사관을 소개하였다. 더불어 국민권익위원회가 발행한 '2015년 청렴 사연 수기 공모전 수상작품집'인『우리나라엔 진짜 급행료가 있다』와 같은 위원회가 2018년 3월 발간한『사례로 보는 기업고충 해결 이야기』, 인사혁신처가 2018년 2월 편찬한『2017년 적극행정 우수사례집』에서 모두 8개 사례를 요약하였다.

제4부 행공幸公에서는, 공직자 모두에게 행복하게 잘 살 권리가 있고 행복하게 잘 살아가야 한다고 주장하면서, 불행이 행복을 가로채거나 행복과 불행이 전도된 삶을 살아서는 안된다고 힘주어 강조하였다. 조막손 투수, 소와 사자의 사랑 이야기, 소금 장수와 우산 장수 이야기 등을 통해 배려와 힘든 가운데 누리는 행복을 이야기하고, 스트레스를 받을 때 스트레스를 날려보내는 비밀을 제시하였다. 마음먹기에 따

라 화(불행)가 거꾸로 행복이 될 수도 있고, 불가능해 보이는 것도 한 획을 더하거나 마음을 바꾸면 모든 것에 가능성이 생긴다. 잘 더한 한 획이 행(幸+一=幸)과 필(心+丿=必), 빛(빗+`=빛)으로 변하듯이 감사와 긍정적 마인드로 우리나라의 잠재적 영웅인 공직자들이 공(워)라밸하면서 행복(공확행)하기를 기원한다.

제5부 신국信國에서는, 영혼을 가지고 묵묵히 근무하는 공직자들이 솔선수범하고 우리나라 국민 모두가 함께 동참하여 한반도 시대를 열고, 신나게 공정하고 행복한 선진 신뢰 국가로 나아가 세계를 리드하자는 희망을 담았다. 그러기 위해서 방탄소년단의 성공 DNA를 통해 한국인의 기상과 우리 국민 내면에 있는 저력을 생각해 보자! 또한 우리나라의 미래인 우리 청년들이 신명나게 일하며 놀 수 있는 환경을 조성함과 동시에 청년들에게 칭찬과 격려를 아끼지 말아야 한다. 국회掬會와 사법부詐法府는 국민을 위한 진정한 국회國會와 사법부司法府로 거듭나야 한다. 더불어 상생과 대화합, 포용을 통하여 우리나라가 다시 한 번 힘차게 넓고 높이 도약하여 한반도 시대를 열고 세방화世方化(세계화+한국화/현지화)를 통해 세계를 리드하여야 한다.

－ 2019년 5월
최홍수

공직자의 가감승제

우리는 어릴 때부터 가정에서나 학교에서 산술적인 더하기(더할 가加), 빼기(덜 감減), 곱하기(곱할 승乘), 나누기(나눌 제除)를 배워왔지만 공직자들이 공직자의 가감승제(사칙四則)를 등한시한 점도 많이 있다. 4차 산업혁명 시대에 공직에서 즐겁고 신나게 근무하면서 건강하고 행복하게 살아가고, 신뢰 사회와 선진 국가를 만들기 위해서는 공직자들이 여기에서 소개하는 가감승제(더하기, 빼기, 곱하기, 나누기)를 잘 실천해야 한다.

1 ___ 공직자의 더하기

3동三動(뇌/마음/몸 운동), 역량, 청렴, 신뢰, 포용, 화합, 행복, 기쁨,
긍정, 선 등 좋은 것

공직자뿐만 아니라 모든 사람은 세 가지 좋은 운동, 즉 뇌 운동, 마음 운동, 몸 운동을 적당히 하여야 한다. 선하고 긍정적인 생각을 많이 하고 양서를 읽고 문학 또는 어학 강의 등을 들으면서 뇌 운동을 많이 하면 머리가 맑아진다. 인내와 절제, 감사 등의 마음 운동으로 감성을 단련하면 외로움과 우울증이 예방되고, 등산과 테니스, 체조, 탁구, 배드민턴 등 각자 몸에 알맞은 운동을 하면 신체 건강에도 좋다. 특히 공직자들은 급변하는 4차 산업혁명 시대를 슬기롭게 대처하고, 국민의 다양한 니즈Needs, 갈등, 이해관계를 조절하여 포용과 화합을 이끌어 낼 수 있도록 업무 역량을 강화하고, 행복과 기쁨 등 좋은 것을 더하면서 청렴하고 약속을 잘 지키는 신뢰 사회를 만들어 나아가야 한다.

2 ___ 공직자의 빼기

3독三毒(뇌/마음/몸 독), 적폐, 부패, 막말, 규제, 슬픔, 부정 등 나쁜 것

인생살이에서 더하기가 있으면 뺄 것도 많이 있는데, 공직자뿐만 아니라 사람들은 세 가지 독 즉, 뇌 독, 마음 독, 몸 독을 제거해야 한다. 부정적 생각, 불평, 불만 등 머릿속에 있는 독을 빼내고, 욕심, 교만, 걱정 등 마음의 독도 빼내야 한다. 지나친 흡연과 과음, 비만으로 이어지는 과식과 편식, 과로와 스트레스 등 몸 독을 빼내지 못해 건강을 해치고 제 명을 제대로 누리지 못하는 사람도 많다. 특히 공직자들은 적폐를 청산하고 부패를 방지하는 데 일익을 담당하여야 할 의무와 책임이 있다. 막말을 하여 우리 사회나 다른 사람에게 상처를 주거나 자신도 징계를 받는 일을 삼가야 하고 곤란, 슬픔 등 나쁜 것을 빼내며, 국민의 생명과 안전에 관한 안전규제는 더욱 강화하더라도 각종 불합리한 규제는 합리적으로 완화하여야 한다.

3 ___ 공직자의 곱하기

사랑, 상생, 칭찬과 격려, 웃음, 친절 등

어떤 수에 얼마를 곱하느냐에 따라 결과는 크게 달라진다. '2×0=0'이지만 '2×10=20'이다. 곱하는 수를 사랑, 상생, 칭찬과 격려, 웃음, 친절 등이라고 가정해 보자. 우리가 서로서로 사랑하며 상생하고, 서로서로 따뜻하게 칭찬하며 격려하고, 웃음이 많아지고 친절해진다면 우리 사회의 행복지수와 건강지수도 올라가고 우리 사회도 더 밝아질 것이다. 민원인이나 국민들에게 친절과 밝은 웃음으로 대하고, 국가와 국민을 사랑하는 공직자가 점점 많아진다면 공직자 역시 국가와 국민으로부터 사

랑을 받아서 신나게 되고, 공직자가 신나면 우리 국민도 국가도 신나게 될 것이다.

4 ___ 공직자의 나누기

행복, 재산, 재능, 봉사, 슬픔, 기쁨 등

사람이 가지고 있는 재능, 재산, 행복 등은 더하고 곱하는 것도 중요하지만, 나누는 것이 더 중요하다. 요즘 재벌의 재산싸움, 형제간 상속분쟁에 관한 이야기는 너무도 흔하게 들려오고, 재산 때문에 심지어 사람을 해치는 사건도 비일비재하다. 하지만 공직자들 중에서 재능을 기부하고 재산과 행복을 나누며 봉사하는 사람도 많다. 자신의 것을 나누는 공직자가 많으면 많을수록 국민은 공직자를 신뢰하고 국민과 국가는 더더욱 신이 나게 된다. 또한 어려움과 슬픔을 나누어 주위의 위로를 받으면 그 무게가 반감이 되어 가벼워지고, 좋은 일과 기쁨을 나누어 칭찬이나 격려를 받으면 즐거움이 몇 배로 늘어난다.

:: 공직자의 가감승제 ::

가감승제	내용
더하기	3동(뇌/마음/몸 운동), 역량, 청렴, 신뢰, 포용, 화합, 행복, 기쁨, 긍정, 선 등 좋은 것
빼기	3독(뇌/마음/몸 독), 적폐, 부패, 막말, 규제, 곤란, 슬픔, 부정 등 나쁜 것
곱하기	사랑, 상생, 칭찬, 격려, 웃음, 친절 등
나누기	행복, 재산, 재능, 봉사, 기쁨, 곤란, 슬픔 등

● 행복과 기쁨 등은 더하고 나누면 배가되고, 곤란과 슬픔 등은 빼고 나누면 반감이 됨.

5 ___ 마무리

공직자가 산술적 가감승제만 잘하고 공직을 수행하는 데 꼭 필요한 공직자의 가감승제를 모르는 것은 불행한 일이다. 지금부터라도 더할 것이 무엇이고, 빼야 할 것이 무엇이며, 곱하고 나눌 것이 무엇인지를 잘 판단하여야 한다. '4차 산업혁명 시대 공직자의 가감승제'를 잘 체득하여 공직자*가 신나게 공직을 수행한다면 국민도 국가도 신나게 된다.

---

* "부정청탁 및 금품 등 수수의 금지에 관한 법률(청탁금지법, 김영란법)" 제2조(정의) 제2호의 공직자를 말하며, 광의로는 시민 영웅 등 공익(公益)이나 공적(公的)인 일을 하시는 분들을 포함한다.

차 례

제1부

혁공 革公

신나게 새로워지는(혁신하는) 공직자

한산도 야음 閑山島 夜吟

수국추광모 水國秋光暮   경한안진고 驚寒雁陣高
우심전전야 憂心輾轉夜   잔월조궁도 殘月照弓刀

● 넓은 바다에 가을 빛 저무니,
찬바람에 놀란 기러기 떼 하늘 높이 날아간다.
나라 위한 근심스러운 마음에 잠 못 이루는 밤에,
새벽달은 무심코 활과 칼을 비추네.

───「한산도 야음(한산도에서 밤에 읊다)」은 임진왜란 때 뛰어난 리더쉽,
멋진 전략전술, 비밀병기 거북선을 사용해서 한산도 대첩 등 23해전 23승을
거둔 이순신 장군의 백성과 나라를 사랑하는 마음을 담은 한시.

거북선의 조선기술이 서양보다 250년 앞선 것처럼, 우리나라 국민 특히 공직
자가 5G, 인공지능, 빅데이터, 사물인터넷 등 4차 산업혁명기술을 개발하는
데 앞장서고 적극적으로 활용하여 한반도 시대를 열고 세계를 선도하려는 용
기와 지혜를 얻으며 진취적 기상을 고취하도록「한산도 야음」을 수록.

● 사진: 한산도 대첩(1592년, 거북선의 조선기술은 서양보다 250년 앞섰다.)/
출처: 세계전쟁사 다이제스트 100 이순신 장군의 한산도 해전

새로운 패러다임

2016년 다보스에서 열린 세계경제포럼WEF, World Economic Forum의 주제는 4차 산업혁명이었다. 증기기관 기반의 기계화 혁명인 1차 산업혁명, 전기에너지 기반의 대량생산 혁명인 2차 산업혁명, 정보통신을 활용한 컴퓨터와 인터넷 기반의 지식정보 혁명인 3차 산업혁명을 지나서 이제는 5G와 지능정보기술 기반의 4차 산업혁명이 시작되었다. 공직자들도 4차 산업혁명의 내용을 잘 소화하여 활용하고 변화에 적응하면서 국민들과 함께 4차 산업혁명 시대를 개척해 나가야 한다.

4차 산업혁명은 5G, 인공지능, 사물인터넷, 빅데이터, 모바일 등 첨단 정보통신기술이 경제와 사회 전반에 융합되어 혁신적인 변화가 나타나는 산업혁명이며, 오프라인 현장에 온라인 기술이 활용되면서 나타나고 있는 O2OOnline to Offline 혁신이다. 초연결, 초지능, 초융합을 특징으로 하는 4차 산업혁명은 공공부문, 농업, 제조업, 서비스업 등 사회 전반에 소프트웨어SW를 활용한 융합, 온라인과 오프라인 융합, 산업간 융복합 등으로 효율성과 생산성이 엄청나게 향상된다. 예를 들면, 온라인으로 연결된 스마트병원은 인공지능 로봇과 빅데이터, 블록체인 기술을 활용하여 더 많은 환자들을 치료하고 관리할 수 있다. 온라인으로 제어되는 스마트공장은 개별 소비자의 욕구를 만족시키는 맞춤형 생산이 가능하다. 온라인 기술이 오프라인 택시에 활용된 것이

Data for Everythnig

• 4차 산업혁명과 5G ──────── 출처: 5G+ 전략(관계부처 합동, 2019.4.8.)

우버이고, 온라인 기술이 오프라인 호텔에 이용된 것이 에어비앤비이다. 스마트병원과 스마트공장뿐만 아니라 '스마트TV, 스마트카, 스마트홈, 스마트빌딩, 스마트시티, 스마트팜' 등도 오프라인 현장에 온라인 기술이 다양하게 활용된다. 또한 행정전산망 등의 공공부문에 5G, 인공지능, 빅데이터, 사물인터넷 기술이 융합되어 활용되면 새롭고 거대한 변화가 나타날 것이다.

　4차 산업혁명의 첫 번째 큰 변화는 신인류 포노 사피엔스의 등장이다. 스마트폰을 신체의 일부처럼 사용하는 포노 사피엔스는 4차 산업혁명 시대의 주역이고, 이들의 등장으로 인류 문명은 일자리, 정치, 경제, 문화, 의료 등 여러 분야에서 거대한 변화가 일어나고 있다. 4차 산업혁명의 두 번째 큰 변화는 스마트 플랫폼이다. 스마트폰에 모바일앱을 설치하면 언제 어디서나 물건을 주문하고 결제할 수 있고, 동영상이나 뉴스도 볼 수 있고, 음악도 들을 수 있다. 즉, 오프라인 현장에 온라인 기술을 적용하는 스마트 플랫폼을 기반으로 다양한 혁신이 이어지고 있다. 소셜네트워크서비스SNS와 디지털 사진기의 기술 발달 및 행복지향적 소비생활 등의 요인으로 상품을 구입하거나 서비스를 받기보다는 재미와 흥미가 주요 관심사인 경험경제가 발달하였다. 4차 산업혁명의 세 번째 큰 변화는 소유에서 공유로, 더 나아가서는 구독으로 전환이다. 플랫폼 및 간편결제 기술 등이 발전하면서 공급자와 수요자 간에 플랫폼을 통해 손쉽게 서비스와 자원 등을 공유할 수 있게 되었다. 기업은 비싼 가격의 생산 설비를 구입해서 감가상각 등의 손실을 감수하는 것보다는 필요할 때만 공유(사용)하는 것이 훨씬 효율적이고, 소비자도 구입해서 소유하고 보관하기 보다는 필요할 때에 공유하여 사용하는 공유경제가 출현하였고, 더 나아가서는 소유도 공유도 아닌 구독하는 구독경제가 인기를 얻게 되었다. 4차 산업혁명의 네 번째 큰 변화는 맞춤형 생산이다. 사물인터넷, 빅데이터, 인공지능과 같은 온라인 신기술이 제조업공장에 활용되면서 스마트공장이 탄생하고 소비자가 적극적으로 생산과 유통에 참여하는 온디맨드(맞춤형)경제가 등장하였다.

4차 산업혁명 시대에는 혁신적 제품 및 서비스 혁신으로 삶의 질이 향상되고, 제품 생산 공정이 유연하고 효율적이어서 맞춤형 생산, 주문 후 즉시 생산, 다품종 소량생산을 할 수 있는 좋은 점이 있다. 반면에 우버 택시 운전사나 각종 배달기사와 같이 비정규직 또는 계약직을 양산하여 삶의 양극화가 심화되고, 모든 것이 자동화되면서 해킹에 의한 재산상 피해나 개인정보 침해가 발생할 수 있다. 종합적으로 보면, 4차 산업혁명은 사람과 기술, 산업 등이 연결되고 융복합하여 상호 신뢰가 중시되며, 수평적이고 창의적인 것이 특징이다. 이에 따라 경제는 상품경제를 넘어 서비스경제로 발전하고, 더 나아가서 공유경제와 경험경제, 구독경제, 무인경제 등으로 확장되었다.

4차 산업혁명 시대의 인간관계는 이전의 수직적 위계질서에서 수직적이고 수평적인 것이 혼재하는 관계로 변화하기 때문에 이전 시대의 수직적 규제와 방식을 과감하게 통째로 바꾸어야 하고, 공공부문과 민간부문의 역할도 많이 달라져야 한다. 지금까지 우리나라의 규제가 공업과 제조업의 성장을 뒷받침하기 위한 포지티브 규제였다면, 4차 산업혁명 시대에는 포지티브 규제가 맞지 않으므로 규제 시스템을 네거티브 규제로 바꿔야 한다. 4차 산업혁명 시대에 근무하는 공직자의 역할도 양극화 해소, 갈등 조정, 융합과 지원, 양보와 타협, 화합과 포용, 상생 역할 등이 새로워지고, 더욱더 중요하게 되었다.

제1장

4차 산업혁명 시대에
신나게 새로워지는 공직자

공직 / 국민 / 한국 / 세계 / 평화

포노 사피엔스Phono Sapiens

'포노 사피엔스'는 스마트폰(핸드폰)을 뜻하는 '포노Phono'와 생각, 지성
을 뜻하는 '사피엔스Sapiens'의 합성어로 스마트폰 없이 생활하는 것을 힘
들어하는 세대 또는 스마트폰을 신체의 일부처럼 사용하는 신인류를 의
미한다. 2015년 영국 경제주간지 『이코노미스트』가 '지혜가 있는 인간'
이라는 뜻의 호모 사피엔스에 빗대어 포노 사피엔스(지혜가 있는 전화기)
라고 부른 데서 유래한다. 포노 사피엔스는 스마트폰을 사용해서 시공
간의 제약 없이 소통할 수 있고 정보전달이 빨라져 정보격차가 점차 해
소되는 등 편리한 생활을 한다. 스마트폰을 신체의 일부처럼 사용하는
포노 사피엔스는 4차 산업혁명 시대의 주역이다. 포노 사피엔스의 등장

으로 인류 문명은 일자리, 정치, 경제(금융, 유통), 문화(미디어, 트윗), 인공지능 및 의료 등 여러 분야에서 새롭고 거대한 변화가 일어나고 있으므로 공직자 여러분은 이런 변화를 이해하고 국민들이 변화에 적응할 수 있는 분위기와 생태계를 조성하여야 한다. 여기서는 포노 사피엔스와 관련하여 일자리 및 정치에 관한 내용을 간략하게 소개한다.

1 ___ 포노 사피엔스와 일자리

4차 산업혁명 시대에서는 사무와 행정, 제조와 생산, 건설, 스포츠, 법률, 시설, 장비 업종 등의 단순 반복 동작을 하는 일자리는 줄어들고, 감성에 기초한 문화예술 관련 직업군, e비즈니스와 경영, 컴퓨터와 수학, 인공지능, 엔지니어링, 빅데이터, 사물인터넷, 블록체인 업종 등의 일자리는 상대적으로 영향을 적게 받거나 늘어날 것으로 보인다. e커머스(전자상거래)의 등장으로 대형마트의 매출이 줄어들어 일자리가 줄고, 스마트폰을 기본으로 하는 새로운 금융서비스 핀테크 등으로 일부 은행 지점이 문을 닫고 있다. 반면에 지상파방송을 위협하는 유튜브YouTube 개인방송의 확산으로 유튜브 방송 지망생(유튜브 크리에이터YouTube Creator, 유튜버YouTuber)이 늘어난다. 유튜브YouTube는 당신You과 브라운관(Tube, 텔레비전)의 합성어로 유튜브에는 '당신이 원하는 TV, 당신이 원하는 콘텐츠를 선택해서 보는 TV'라는 숨은 뜻이 있다. You는 모든 사람을, Tube는 미국 속어로 TV를 의미한다. 유튜브는 인터넷 공룡 기업 구글이 운영하는 '동영상공유서비스'로, 사용자가 동영상을 업로드하고 시청하며 공유할 수 있다. 댓글을 달아 소통할 수 있기 때문에 소셜미디어서비스의 일종이다.

제조업 노동자 1만 명 당 로봇 수를 말하는 '로봇밀집도'가 세계 1위 (2015년 기준, 세계로봇협회 2016년 자료 참조)인 우리나라는 정작 로봇산업은 요 몇 년 동안 발전이 미진하다. 그러므로 로봇에 사용되는 부품과 소프트웨어, 반제품 모듈은 물론 로봇 완제품으로 공장의 공정시스템을 공급하는 대중소기업을 육성해야 한다. 스마트팩토리 기반의 '리쇼어링 Reshoring(세제 혜택과 규제 완화 등을 통해 해외로 진출한 자국기업들을 다시 불러들이는 정책)'을 통해 일자리를 늘리고, 인터넷을 기반으로 이루어지는 e비즈니스 등 디지털경제와 문화예술 관련 일자리도 창출해야 한다.

2 ___ 포노 사피엔스와 정치

요즘 정치계에서는 '트윗 정치'이라는 말이 유행어이다. 미국 도널드 트럼프 대통령이 트윗을 통해 장관을 해고하고 정치적 의견을 자신의 트위터에 트윗하면서 유행하는 말이다. 이런 트럼프 대통령의 트윗 정치가 '잘한 것인지, 잘못한 것인지'는 아직 판단하기가 이르지만, 지지자는 지지를 해서 리트윗하고 반대자는 반박을 위해 리트윗하다 보니 리트윗은 꼬리에 꼬리를 물어 계속 쟁점이 되고 있다. 그렇다 보니 '가짜인지, 진짜인지' 사실의 진위 여부는 확인도 하지 않고 트럼프 대통령의 이슈는 확산된다. 우리나라는 국민이 선출한 대통령과 국회의원이 국민이 위임한 권력에 기반하여 행정활동과 입법활동을 하는 대의민주주의 국가이다. 초연결, 초융합, 초지능을 특징으로 하는 4차 산업혁명 시대에는 시민은 더 이상 대의기관을 통하지 않더라도 의견을 직접 개진할 수 있다. 청와대 국민청원 게시판이나 개인 SNS를 통해 입법을 요구하고, 사회 부조리를 고발하기도 한다. 국민의 직접적인 정치참여는 국민의 의사를 신속히 반영하는 데는 효율적일지 모르지만, 그 과정에서 정보의 독과점, 가짜 댓글이나 가짜 뉴스와 같이 잘못된 정보에 의한 대의 왜곡, 무분별한 포퓰리즘Populism의 위험성도 있음을 인식하여야 한다.

4차 산업혁명 시대의 '핵심 4S'

초연결, 초지능, 초융합 등을 특징으로 하는 '4차 산업혁명'은 인공지능AI, 사물인터넷IoT, 빅데이터, 모바일 등 첨단 정보통신기술이 경제와 사회 전반에 융합되어 혁신적인 변화가 나타나는 차세대 산업혁명이다. 4차 산업혁명은 3S(스마트, 소프트웨어, SNS)가 중심이다.* 그래서 욕속부달, 유능제강 등의 성어와 3S에 스마일을 더한 '4S'를 소개하니, 이를 잘 이해하여 4차 산업혁명 시대에도 웃으면서 행복하고 신나게 공직을 잘 수행하기를 희망한다.

1 ___ 스마일SMILE과 소문만복래笑門萬福來

스마일이란 "스쳐도 웃고, 마주쳐도 웃고, 일하면서도 웃고 또는 일부러도 웃고"의 준말로 자주 웃는다는 말이다. 웃음은 4차 산업혁명 시대에도 여전히 우리 마음을 따뜻하게 하는 마음의 비타민이다. 소문만복래는 웃는 집 대문으로는 온갖 복이 들어온다는 뜻이다. 공자, 노자, 맹자보다 더 훌륭한 스승은 '웃자'라는 농담도 있다. 이는 웃음은 인생의

---

* 김희철, 「4차 산업혁명의 실체」, 북랩(2017), p. 225-243.

최고스승이면서 건강과 행복의 최고비결이라는 의미이니, 4차 산업혁명 시대에도 화나 원망과 불평을 자제하고 웃으면서 건강하고 행복하게 살아야 한다.

2 ___ 스마트SMART와 욕속부달欲速不達

'스마트'란 종래에는 기대할 수 없던 정도의 정보처리능력을 가지고 있다는 의미이다. 지능화된 또는 지능형이라는 의미와 스스로 결정하고 행동하는 주관적 의미도 내포한다. 첨단 스마트기기를 활용하여 다양한 정보를 융합하고, 사람과 사람, 사람과 사물(기계), 사물(기계)과 사물이 서로 소통할 수 있는 스마트TV, 스마트카, 스마트홈(집), 스마트시티(도시), 스마트팩토리(공장), 스마트 플랫폼 등도 출현했다. 스마트의 본질은 창의적이고 탈권위적이다. 그러나 스마트에서 속도만을 강조하고, 창의성과 개성을 등한시 하면 욕속부달(너무 서두르면 도리어 일이 진척되지 않는다는 뜻)의 어리석음을 범하게 되므로 주의해야 한다.

3 ___ 소프트웨어SOFTWARE와 유능제강柔能制剛

3차 산업혁명에서 소프트웨어는 컴퓨터 프로그램과 그와 관련된 문서들을 총칭하는 용어로 기계장치를 말하는 하드웨어에 대응하는 말이었다. 4차 산업혁명 시대의 소프트웨어(플랫폼, 인공지능, 빅데이터, 사물인터넷, 자율주행차, 블록체인 등)는 핵심자원으로 새로운 지식산업을 창출하고 생산성을 향상시키는 동맥과 같은 역할을 한다. 또한 소프트웨어는 더 투명하고 깨끗한 사회, 소통하는 신뢰 사회를 만들어 내는 인프라이며 부드러움(유연함)을 중시한다. 유능제강은 '부드러운 것이 능히 단단한 것을 이긴다.'는 뜻으로, 소프트웨어의 중요성을 실감할 수 있다.

4 ___ 소셜네트워크서비스ᴺˢ*와 동고동락同苦同樂

Social Network Service의 약자인 SNS(사회관계망서비스)는 온라인상에서 타인과 소통하거나 관계를 맺을 수 있는 서비스로, 관심사나 활동을 공유하는 사람들 사이의 사회관계망을 구축해 주는 서비스이다. 대표적인 SNS으로는 페이스북, 트위터, 카카오톡 등이 있다. 동고동락은 '괴로움과 즐거움을 함께 한다.'는 뜻으로, 동호회 일원으로서 같이 고생하고 같이 즐긴다는 의미도 있다.

5세대 이동통신(5G)과 새로운 서비스

2018년 12월 1일 0시, 우리나라에 5G 시대가 열렸다. SK텔레콤, KT, LG유플러스 등 이동통신사는 12월 1일 5G 전파 송출을 시작하면서 세계 최초로 5G 상용화 서비스를 개시했고 2019년 4월 3일 세계 최초 5세대 이동통신 상용화에 성공했다. 5G는 개인 간 통신을 넘어 다른 산업과 연결되고 융합하는 4차 산업혁명의 핵심 인프라이다. 이런 5G 시대에는 자율주행이나 헬스케어, 가상·증강현실 등 이전에는 경험하지 못한 새로운 서비스가 혁신 가치를 창출할 수 있으므로 새로운 서비스와 킬러 콘텐츠Killer Contents(미디어 시장의 판도를 재편할 만큼의 영향력을 지

---

* 윤상진, 『플랫폼이란 무엇인가?』, 한빛비즈(2014), p. 282-287.

닝 매력적인 핵심 콘텐츠, 초기 투자비용 대비 파급효과가 크기 때문에 미래 산업을 이끌어 갈 신성장 동력)를 적극적으로 개발하여야 한다. 여기서는 5G와 혼합현실 등을 소개하니 공직자 여러분은 근무역량을 강화하고, 4차 산업혁명 시대에 우리나라를 올바른 길로 이끌어 선진 신뢰 국가를 만들 수 있도록 5G와 증강현실, 혼합현실 등을 잘 이해하여야 한다.

1 ___ 5G: 5세대 이동통신Fifth Generation Mobile Communications

5G는 최대속도가 20Gbps(bps: Bit Per Second의 약자, Gbps는 초당 얼마나 많은 양의 정보를 보낼 수 있는지를 나타내는 단위로 1Gbps는 1초에 대략 10억 비트의 데이터를 보낼 수 있다는 의미)에 달하는 이동통신 서비스로, 4G인 LTELong Term Evolution(오랫동안 진화한 것, 장기간에 걸쳐 기존 시스템을 발전시킨 기술)의 최대속도 1Gbps보다 20배 가량 빠르며 처리용량도 100배 크다. 이런 5G의 장점은 초고속, 초저지연과 초연결에 기반하여 인공지능AI, 가상현실VR과 혼합현실MR, 자율주행, 사물인터넷IoT, 블록체인 기술 등을 실현할 수 있어 4차 산업혁명 시대의 핵심 인프라Core Infra이며 자원이다.

우리나라 이동통신 서비스 전개과정을 살펴보면, 1984년에 한국이동통신서비스가 차량전화 서비스(카폰)를 시작하면서 1세대 이동통신(1G) 서비스가 도입되었으나 그 당시의 이동통신 방식은 '아날로그 통신'으로 음성통화만을 할 수 있었다. 1988년 열린 서울올림픽을 계기로 휴대폰 서비스가 시작되었지만, 음성을 디지털 신호로 변환해 전송하는 '디지털 통신'으로 전환되는 2세대 이동통신(2G) 서비스가 1996년에 시작되면서 휴대폰으로 문자를 보낼 수 있었다. 2002년 3세대 이동통신(3G) 서비스가 도입되면서 휴대폰으로 사진이나 동영상과 같은 다양한 통신을 할 수 있었지만, 스마트폰과 태블릿PC 등 모바일 기기 보급 증가로 폭발적으로 늘어난 데이터량을 감당할 수 없었다. 2011년 하반기에 4세대 이동통신(4G) 서비스 시대가 열리고 모바일 기기를 통해 다양한 형태와 많은 데이터를 주고받을 수 있게 되어 SNS가 촉진되었다.

2 ___ 실감형 미디어: 가상현실VR, 증강현실AR, 혼합현실MR

가상현실Virtual Reality은 컴퓨터로 만들어 놓은 가상의 세계에서 사람이 실제와 같은 체험을 할 수 있도록 하는 기술이며, 배경과 환경 모두 현실이 아닌 가상의 이미지를 사용한다. 증강현실Augmented Reality은 현실의 이미지나 배경에 3차원 가상 이미지를 겹쳐서 하나의 영상으로 보여주는 기술이다. 가상현실은 일반적으로 영화나 영상 분야 등 특수 환경에서 사용되고, 증강현실은 여러 사람에게 널리 활용된다. '포케몬 고' 게임, 핸드폰과 인터넷을 통한 지도 검색, 위치 검색 등도 증강현실이다. 컴퓨터 게임을 예로 들어 보면, 가상현실 게임은 나를 대신하는 캐릭터가 가상의 공간에서 가상의 적과 대결하지만, 증강현실 게임은 현실의 내가 현실의 공간에서 가상의 적과 대결을 벌인다. 가상현실은 몰입감이 증대되고, 증강현실은 가상현실에 비해 현실감이 뛰어나다.

증강현실은 실제 현실에 가상의 정보를 더해 보여 주는 방식이고, 가상현실은 모두 허구의 상황이 제공되는 것이며, 혼합현실Mixed Reality은 가상현실과 증강현실을 혼합해 현실 배경에 현실과 가상의 정보를 혼합하여 제공하는 것이다. 혼합현실은 넓은 의미의 증강현실로 볼 수도 있지만, 빅데이터를 초저지연, 초연결, 초고속으로 처리할 수 있는 기술이 필요하기 때문에 5G 시대에 주목을 받을 것으로 예상된다. 혼합현실 기술을 이용해 서울에 있는 의사가 원격제어를 통해 워싱턴에 있는 환자를 치료할 수 있고, 의대생은 죽은 사람의 시체 없이 홀로렌즈Head Mounted Display, HMD* 등을 통해 해부학을 배울 수 있으며, 미국 항공우주국NASA도 혼합현실을 이용해 우주인 교육을 실시한다.

• 미국 스타트업(신생 벤처기업)인 매직리프(Magic Leap)의 혼합현실 동영상 장면.
  가상 이미지인 고래가 실제로 체육관 바닥에서 튀어오르는 것처럼 구현.

플랫폼과 상생

4차 산업혁명 시대에는 현존 기업과 스타트업 등 플랫폼 관련 기업들이 플랫폼을 장악하기 위하여 플랫폼 전쟁을 하고 있다. 공직자는 플랫폼에 대한 시야(지식)를 넓히고 상생의 지혜를 배워 4차 산업혁명 시대를

---

* 머리에 쓰는 디스플레이 장치

선도하여야 한다.

1 ___ 플랫폼Platform

아침에 일어나서 밤에 잠자리에 들 때까지 우리들은 온종일 플랫폼을 이용하지만 플랫폼이 무엇인지를 잘 알지 못한다. 사실 매일 지하철을 타는 사람이나 버스와 택시를 타는 승객도, 전통시장이나 대형마트에서 물건을 사고파는 사람도, 홈쇼핑이나 전자상거래로 물건을 사고파는 사람도, 페이스북이나 카카오톡으로 메신저나 정보를 주고받는 사람도, 구글이나 네이버에서 뉴스를 검색하는 사람도 모두 다 플랫폼을 이용한다. 플랫폼Platform은 'Plat(구획된 땅)'와 'form(형태)'의 합성어로, '구획된 땅의 형태'를 의미한다. 즉, 지하철 승강장이나 버스와 승객이 만나는 장소, 판매자와 구매자간에 가치교환이 일어나는 구체적이거나 추상적 공간을 말하며, 다양한 형태의 부가적인 비즈니스 모델이 창출된다. 넓은 의미에서 플랫폼은 공급자와 수요자, 판매자와 구매자가 물건이나 가치를 공정한 거래를 통해 교환할 수 있도록 구축된 다양한 환경(생태계)을 말한다. 우버Uber는 차량 소유자와 이동이 필요한 사람을 모바일앱으로 연결하는 교통플랫폼이고, 에어비앤비Airbnb는 집주인과 여행자를 연결하는 숙박플랫폼이다.

플랫폼을 장악한 글로벌 미국 인터넷 기업 4인방(플랫폼 4인방)은 구글, 애플, 아마존, 페이스북이고, 중국 인터넷 기업 4인방은 바이두(중국의 구글, 검색플랫폼), 알리바바(중국의 아마존, B2B 전자상거래 사이트), 텐센트 (중국의 페이스북, 인터넷 메신저 QQ와 모바일 메신저 위챗으로 중국인이 매일 이용)와 샤오미(저렴한 가격과 괜찮은 디자인의 스마트폰 기업)이다. 우리나라를 대표하는 플랫폼은 네이버(검색플랫폼), 카카오톡(메신저서비스) 등이지만 아직 글로벌 기업으로 성장하지 못하고 있다.[*]

2 ___ 상생相生

상생이란 '둘 이상이 서로 북돋우며 다 같이 잘 살아간다.'는 뜻이다. 플랫폼은 수요자와 공급자, 개발자와 사용자, 프로슈머Prosumer(제품 개발에 적극 참여하고 의사를 표현하는 소비자)가 서로 원하는 것을 주고받는 공간이므로 참여자가 많아지면 많아질수록 네트워크 효과Network Effect(입소문 효과, 사람들이 네트워크를 형성해 다른 사람의 소비에 영향을 준다는 의미)가 일어난다. 제로섬게임Zerosum Game은 승자의 득점과 패자의 실점을 더하면 항상 제로(0)가 되는 게임으로, '너의 손해가 나의 이익' 즉, 승자의 이익과 패자의 손실의 합이 제로이다. 골프나 권투, 탁구 등의 경기에서 어느 팀은 이기고 다른 팀은 질 수 밖에 없는 구조가 바로 제로섬게임의 대표적인 형태이다. 반면 '너의 이익이 나의 이익' 즉, 게임에 임하는 양측이 모두 승자가 되는 게임은 포지티브섬게임Positivesum Game[**]으로 플랫폼이 추구하는 시스템이다. 신약성경 마태복음 5장 9절에 "화평하게 하는 자는 복이 있나니"라는 말씀도 있다. 그러므로 공직자 여러분은 상생과 포지티브섬게임을 잘 이해하여 대립과 반목을 뛰어넘어, 촛불과 태극기가 서로 화목하게 하여, 평화스럽고 신나게 행복한 대한민국을 만드는 데 앞장서야 한다.

[*] 김희철, 『4차 산업혁명의 실체』, 북랩(2017), p. 216–221.

[**] 윤상진, 『플랫폼이란 무엇인가?』, 한빛비즈(2014), p. 62–68.

3 ___ 상생사례

❶ 광주형 일자리

'광주형 일자리'는 광주광역시가 제안한 노사상생 일자리 창출 모델로 사회적 대타협을 통해 적정임금을 유지하면서 더 많은 일자리를 만들 수 있다. 2019년 1월 31일 광주광역시장과 현대차동차 대표이사 간에 완성차 사업 투자 협약서에 서명하면서 사업의 첫발을 내디뎠다. 빛그린 산업단지(광주광역시 광산구 삼거동과 전남 함평군 월야면 일대)에 10만대 규모의 완성차 생산 공장이 들어서면 1만2,000여 명의 새로운 일자리가 생긴다. 무려 23년 만에 완성차 공장이 국내에 새로 지어진다. '광주형 일자리'가 성공하면 국내 공장도 국제 경쟁력을 갖추게 되고, 비용 절감을 위해 해외로 나갔던 제조업 공장들이 국내로 되돌아오게 하는(리쇼어링 Reshoring) 계기가 될 수도 있다.

• 윤종해 한국노총 광주지부장(왼쪽), 이용섭 광주광역시장(가운데), 이원희 현대자동차 대표이사(오른쪽)

_____ 출처: 연합뉴스

❷ 전통시장과 대형마트의 상생

대형마트들이 전통시장과 상생에 힘을 쏟고 있다. 전통시장이 경쟁력을 갖출 수 있도록 활로를 개척해주거나 지원하는 형식이다. 전통시장과 대형마트의 대표적인 상생발전 사례인 충남 당진 어시장 건물 2층에 자리한 상생스토어는 어시장뿐만 아니라 인근 전통시장에서 상인들이 판매하는 야채와 과일, 육류, 수산물을 판매하지 않으며 전통시장과 대형마트가 상생의 길을 걷고 있다. 롯데마트는 오산 오색 시장과 식품 위생 및 안전 관리, 진열 개선 등 전통시장의 품질 경쟁력을 한층 강화하는 '품질 상생 업무 협약'을 맺고 '위생 안전 컨설팅'을 실시했다. 또한 대형마트들은 주변 전통시장에서 5일장을 열면 휴무일을 조정하여 자율적으로 문을 닫기도 한다.

인공지능^AI과 인사유명

인공지능(AI^Artificial Intelligence)은 인공(인간이 만듦)과 지능(두뇌: 지적 활동 능력)의 합성어로, 인간이 만든 두뇌를 말한다. 즉, 인간의 지능으로 할 수 있는 사고와 학습과 자기 개발 등을 기계가 할 수 있도록 연구하는 인공지능 공학 및 정보기술의 한 분야로서, 기계가 인간의 지능적 행동을 할 수 있도록 하는 기술이나 소프트웨어를 말한다. 인공지능^AI은 사물인터넷, 빅데이터, 블록체인 등과 함께 4차 산업혁명 시대의 핵심기술이다. 인공지능^人工知能은 기존의 머신러닝^Machine Learning(기계학습)에서 더 나아가 인간의 뇌를 모방한 신경망 네트워크를 더한 딥러닝^Deep Learning(깊은

학습) 기술로 발전하여 새로운 지평을 열고 있다. 딥러닝은 컴퓨터가 인간처럼 판단하고 학습할 수 있도록 하고, 이를 통해 사물이나 데이터를 군집화하거나 분류하는 데 사용하는 기술(소프트웨어)이다. 구글 딥마인드Google DeepMind가 개발한 인공지능 바둑 프로그램인 알파고AlphaGo와 이세돌의 대국은 인공지능과 인간의 대결이자 세간의 이목이 집중된 대국이었다. 2016년 3월 다섯 번의 대국(9, 10, 12, 13, 15일)에서 알파고가 이세돌 9단에 4대1로 승리함으로써 '인공지능(딥러닝)'의 위력을 실감하게 되었다. 이 대국 이후 인공지능은 4차 산업혁명 시대의 핵심기술로 주목을 받고 있다.

아울러 금년 1월 24일(현지시간) 구글 딥마인드 인공지능AI '알파스타AlphaStar'가 인간 선수와 실시간 전략 게임 '스타크래프트2' 대결에서 승리했다. 알파스타가 중상위권의 실력을 갖춘 것으로 평가받는 2명의 유럽 프로게이머 그레고이 코민츠Mana와 다리오 뷘시TLO와 11차례 대결을 펼쳐 10승 1패의 일방적 승리를 거뒀다. 딱 한 번의 승리를 기록한 코민츠는 "지금까지 스타크래프트에서 싸운 어떤 상대와도 달랐다."고 놀라움을 표했다. 스타크래프트 같은 실시간 전략 게임은 체스, 바둑보다 수학적으로 훨씬 복잡하다. 바둑은 경우의 수가 10의 170제곱이다. 반면 스타크래프트는 최소 10의 270제곱이다. 스타크래프트에서 유닛을 만들고 작업을 수행하는 데 많은 선택의 과정이 요구된다. 게다가 싸우는 상대방의 움직임이 보이지 않는 상황에서 결정을 내려야 한다(출처: 스타크래프트2 대전서 '프로게이머' 꺾은 인공지능『THEGEAR』, 2019.1.27.).

4차 산업혁명 시대의 핵심기술인 인공지능의 각 글자를 사용하여 인사유명, 양공고심, 지지자불여호지자, 능소능대 등의 성어와 인공지능 스피커, 인공지능과 일자리를 언급하니 공직자 여러분도 인공지능을 잘 이해하여 업무역량을 강화하여야 한다.

1 ___ 인人: 표(호)사유피豹(虎)死留皮 인사유명人死留名

『신오대사新五代史』에 나오는 "표(호)사유피 인사유명"은 표범(호랑이)은 죽어서 가죽을 남기고 사람은 죽어서 이름을 남긴다는 뜻이다. 사람이 자기의 삶을 보람되게 살아가면 아름다운 이름이 길이 남는다는 말이니 공직자 여러분도 인사유명하길 희망한다. 아울러 인공지능을 통해 삶이 개선되고 인공지능이 공공부문, 기업과 산업에 응용되어 생산성과 효율성이 높아지면 인공지능도 그 이름이 길이길이 남게 된다.

2 ___ 공工: 양공고심良工苦心, 싱귤래리티(기술적 특이점)

두보의 시詩 「제이존사 송수장자가題李尊師 松樹障子歌」에 나오는 '양공고심' 또는 '양공심고'는 재주가 뛰어난 사람의 가슴속에는 고심이 많다는 말로 좋은 작품을 만들기 위해 마음을 다하는 것을 비유한다. 양공(인공지능 공학도 등)이 인공지능을 개량하여 인류의 삶을 개선하려는 고심(양공고심)을 느낀다. '싱귤래리티Singularity'*는 '양적으로 팽창을 하다가 질적 도약을 하는 특정한 시점'을 말하며, 인공지능이 인류의 지능을 초월해 스스로 진화해 가는 기점(기술적 특이점: 인공지능이 인간지능을 넘어서는 역사적 기점, 인공지능의 기술 발전 과정: 인간의 지능 모방→학습→초월)을 뜻하기도 한다.

---

* 김희철, 『4차 산업혁명의 실체』, 북랩(2017), p. 114-121.

세계적인 미래학자 레이 커즈와일Ray Kurzweil이 2005년에 쓴『특이점이 온
다The Singularity Is Near』에서 2045년에 특이점이 올 것이라고 예측하였다.

3 ___ 지知: 지지자불여호지자知之者不如好之者,
호지자불여락지자好之者不如樂之者

『논어』에 나오는 '지지자불여호지자, 호지자불여락지자'는 '어떤 사실
을 아는 사람은 그것을 좋아하는 사람만 못하고, 좋아하는 사람은 즐기
는 사람만 못하다.'라는 말이다. 즉 아는 사람은 좋아하는 사람을 이길
수 없고, 좋아하는 사람은 즐기는 사람을 이길 수 없다는 말이니 공직자
여러분은 일과 삶을 즐기면서 공(워)라밸(이 책 p.192 참조) 해야 한다.

4 ___ 능能: 능소능대能小能大

능소능대는 작은 일이나 큰일을 임기응변으로 잘 처리한다는 뜻으로,
모든 일에 능하다는 말이다. 또한 일상생활에서 다른 사람과 관계도 좋
아서 남들과 사귀는 수완이 능하다는 의미도 담고 있다. 그러므로 공직
자들은 큰일은 물론, 작은 일도 잘하고 남들과 잘 어울려서 공(워)라밸
하며 신나게 행복한 삶을 살아가야 한다. 인공지능도 궁극적으로는 사
람의 행복을 증진하는 데 활용되어야 한다.

5 ___ 인공지능 스피커AI Speaker

AI 스피커는 일반 스피커에 인공지능AI의 기능을 더한 스피커로서, 4차
산업혁명 시대의 핵심병기(기기)이기도 하다. AI 스피커는 음악 감상이
나 라디오 청취 기능 외에 음성인식, 음성검색, 음성번역, 음성비서 등

다양한 기능이 있다. 이런 AI 스피커 시장의 맹주는 아마존(제품명: 에코)과 구글(구글홈)이고, 뒤늦게 이 시장에 뛰어든 애플(홈팟)과 마이크로소프트(인보크)는 고급화 전략으로 맞서고 있으며, 우리나라의 삼성전자, SK텔레콤, KT, 네이버도 그 뒤를 바짝 추격하고 있다. 작업 명령을 시행하기 위해서 컴퓨터는 마우스로 화면 터치를 해야 하고 스마트폰은 손으로 클릭하여야 했지만, AI 스피커는 터치 기반과 달리 음성 기반 조작으로 누구나 쉽게 배우고 사용할 수 있다. 음성을 이용하면 손을 이용하지 않고도 편리하게 스마트홈의 여러 기기를 관리하거나 제어할 수 있기 때문에 말로 명령(제어)하기만 하면 날씨나 뉴스, 입고나갈 의복 등 알고자 하는 다양한 정보를 얻을 수 있다.

6 ___ 인공지능과 일자리

4차 산업혁명 시대에는 단순하게 동작을 반복하는 일자리는 인공지능 로봇이 대체하기 때문에 줄어들고, 감성에 기초를 둔 문화예술 관련 직업군 등은 영향을 적게 받으며, 4차 산업혁명 시대의 핵심기술을 이용한 일자리들은 점점 늘어날 것으로 보인다. 세계경제포럼WEF이 2018년 9월에 발표한 2018년 「일자리 미래 보고서Future of Job Report」에는 로봇 및 인공지능 기술의 발전과 활용이 늘면서 오는 2025년에는 전체 일자리의 약 52%를 로봇이 대체할 것이라고 전망했다. 세계경제포럼은 급속한 기술 발전으로 전 세계에 약 1억 3,300만 개의 일자리가 새로 창출되며, 이 중 7,500만 개의 일자리를 로봇이 대체할 것으로 예상했다. 대체로 신기술은 기존의 일자리를 빼앗기도 하지만, 동시에 새로운 산업을 만들어 더 많은 일자리를 창출해왔다.

빅데이터 활용

빅데이터Big Data는 많은 양의 데이터를 토대로 필요한 자료를 빠르게 분석할 수 있지만 대용량 데이터는 만능이 아니다. 데이터의 크기가 작더라도 소비자의 작은 행동을 하나하나 파악해 소비자의 니즈Needs와 취향을 찾아낼 수 있다면 이것이 바로 빅데이터이다. 그러므로 빅데이터는 크기보다는 가치가 더 중요하다. 빅데이터는 사물인터넷, 인공지능, 플랫폼, 블록체인 등과 같이 4차 산업혁명 시대의 핵심자산이다. 혹자는 빅데이터를 인공지능의 식량이자 정보화 사회의 석유에 비유한다. 석유 없이는 자동차나 기계를 작동할 수 없듯이 앞으로 빅데이터 없이는 고부가 가치의 맞춤형 상품을 만들지 못한다는 의미이다.

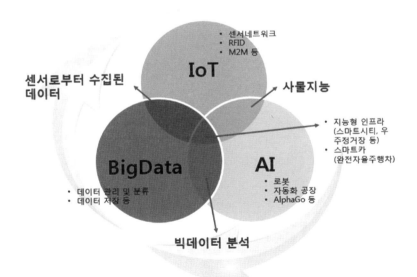

• 사물인터넷, 빅데이터, 인공지능의 상관관계 _____ 출처: 4차 산업혁명과 지능정보기술의 미래방향(3)

1 ___ 빅데이터 정의 및 특징

2010년에 구글Google의 에릭 슈미트Eric Schmidt 전 CEO는 한 컨퍼런스 모임에서 "인간이 태초부터 2003년까지 5엑사바이트(10의 18승) 규모의 데이터를 만들었다면, 지금은 이 규모의 데이터가 단 2일 만에 생성된다."라며 데이터양이 엄청난 속도로 증가하고 있다고 언급했다. '빅데이터'는 '대용량 데이터를 활용, 분석하여 가치 있는 정보를 추출하고, 생성된 정보를 바탕으로 능동적으로 대응하거나 변화를 예측하기 위한 정보화 기술'을 말한다. 빅데이터는 디지털 시대에 생성되는 데이터로, 아날로그 환경에서 생성되던 데이터에 비하면 규모가 엄청나게 방대하다. 데이터가 처리되는 속도는 분, 초, 더 나아가서는 영점 몇 초 단위(예: 1/100 초)까지 실시간으로 처리되고, 형태도 수치 데이터뿐만 아니라 음악과 텍스트와 영상데이터 등 비정형 데이터를 포함하는 대규모 데이터이다. 빅데이터는 데이터의 양은 물론 질, 다양성, 속도, 가치 측면에서 데이터 패러다임의 전환을 의미한다. 이런 빅데이터의 특징은 바로 5V이다. '5V'는 '데이터의 양Volume, 데이터 생성 속도Velocity, 형태의 다양성Variety, 데이터의 가치Value, 데이터의 진실성 Veracity'이다.

2 ___ 빅데이터 활용

빅데이터는 석탄(1차 산업혁명), 전기(2차 산업혁명), 컴퓨터와 인터넷(3차 산업혁명)처럼, 4차 산업혁명 시대의 혁신과 생산성 향상을 위한 중요한 자원이다. 빅데이터는 생성된 방대한 양의 데이터를 필요한 용도에 맞게 가공하고 분석해 새로운 결론을 도출하는 등 최적의 해답을 제시한다. 이런 빅데이터는 올림픽과 월드컵 등 경기 분야, 의료 분야, 안전 분야, 기업 마케팅, 스마트팜Farm, 각종 선거 결과 예측 등 다양한 분야에 활용된다. 공직자들도 빅데이터의 특징과 활용 등을 잘 이해하여 자기의 업무역량을 업그레이드해야 한다.

📶 빅데이터 활용 분야(예시)

– 구글은 2008년 독감과 관련된 검색어 빈도를 분석해 미국 질병관리본부보다 먼저 독감 유행 시기를 예측한 독감 유행 시기 예측 서비스 개발, 질병예방, 각종 의료 분야 활용

– 교통 흐름 파악 및 서비스 개선, 재난 예측 및 방지를 위한 빅데이터 분석

– 범죄 발생 지역 및 범죄자를 예측하는 범죄분석예측시스템

– 기업은 방대한 고객 데이터를 분석하여 맞춤 상품 선별 및 마케팅에 활용

– 온도, 습도, 일조량 등의 데이터를 측정, 분석하여 농작물에 필요한 영양소를 적절히 공급하는 스마트팜(스마트농장) 분야

– 각종 선거 결과 예측, 운동경기 분야, 자율주행차 분야 등

3 ___ 빅데이터 관련 새로운 직업

21세기 가장 매력적인 빅데이터 관련 직업은 각종 데이터를 적재적소에 활용하기 위한 환경 설계와 데이터 분석을 연결해 주는 역할 등을 하는 직업으로 빅데이터 과학자, 빅데이터 분석가, 빅데이터 애널리스트, 빅데이터 엔지니어, 빅데이터 안보전문가 등이 있다. 서로 경계가 애매하고 한 사람이 다른 분야를 같이 할 수도 있다. 이들의 주된 분야는, 빅

데이터 과학자는 플랫폼을 개발하고 분석한 데이터를 활용해 새로운 시장을 만드는 창의력 등이 있어야 한다. 빅데이터 분석가는 데이터를 선별 수집하고 마케팅 및 제조 등에 활용한다. 빅데이터 애널리스트는 데이터를 분석, 가공, 관리하고 투자 상담 등을 한다. 빅데이터 엔지니어는 데이터를 가공하고, 품질을 관리하며 데이터를 모으는 프로그래밍, 관리체계 등 IT 또는 ICT Information and Communication Technology(정보통신기술) 전문기술이 있어야 한다. 빅데이터 안보전문가는 데이터의 안전, 해킹 예방 및 개인정보보호 등에 관한 지식이 필요하다.

사물인터넷과 하늘인터넷

세상이 인터넷으로 연결되어 있듯이 하늘도 망으로 다 연결된 하늘인터넷이 있다는 사실을 명심하면서 공직을 잘 수행하여야 한다.

1 ___ 사물인터넷 Internet of Things*

글로벌 기업들이 차세대 성장 동력으로 인식하고 있는 사물인터넷(IoT)이란 인터넷을 기반으로 모든 사물을 연결하여 사람과 사람, 사람과 사물(또는 기계), 사물과 사물, 기계와 기계(M2M Machine to Machine 기계 간 소통) 간의 정보를 상호 소통하는 지능형 기술 및 서비스를 말한다. '사물인터넷'은 단어의 뜻 그대로 '사물들 Things이 서로 연결된 Internet 것' 혹

---

* 차두원 외1, 「초연결시대, 공유경제와 사물인터넷의 미래」, 한스미디어(2017), p. 124-149.

은 '사물들로 구성된 인터넷'을 말한다. 지금까지는 인터넷에 연결된 사물들이 정보를 주고받으려면 반드시 인간의 조작이 필요하였지만, 사물인터넷 시대에는 사람의 도움이 없어도 인터넷에 연결된 사물은 서로 알아서 정보를 교환하고 사물(기계)끼리 서로 대화(정보)를 나눌 수 있다.

사물인터넷은 스마트계량기, 스마트홈(집), 스마트빌딩, 스마트팩토리(공장), 스마트시티(도시), 스마트팜(농장), 헬스케어 등 다양한 분야에 사용된다. 즉, 차량관제(승용차, 화물차, 컨테이너, 버스, 선박의 위치 추적 등 이동물체의 위치나 상태를 감시하거나 제어하는 기술), 원격관제(원격검침, 교통 · 수도 · 전력 · 도로시설 감시, 온도 조절 등 고정된 기계의 상태를 감시하거나 제어하는 기술), 태블릿 컴퓨터(외판사원, 물류 관리, 물품 관리, 현장 관리 등 휴대형 태블릿의 통신), 착용서비스(웨어러블 디바이스 서비스, 아동이나 치매노인 위치 추적 장치와 같은 개인 서비스) 분야 등에 사용된다. 이처럼 사물인터넷은 다양한 서비스를 제공하여 인간 삶의 질을 향상시키지만 개인정보 유출이나 해킹 등 보안문제와 비용문제도 발생한다.

2 ___ 하늘인터넷

'**하늘인터넷**(저자 고안)'이란 세상이 사물인터넷으로 연결되어 있듯이 하늘에서도 인터넷(망)으로 다 연결되어 있다는 말로, 공직자가 부정부패나 비리를 저지르면 빠져나갈 수가 없다는 사실을 명심하라는 의미이다. 그래서 천망회회 소이불실, 욕개미창 등의 성어를 설명한다. 사물인터넷이 사물의 망이라면 천망天網은 '하늘인터넷(망/그물)'이다. 『도덕경』에 나오는 '천망회회天網恢恢 소이불실疏而不失'은 '하늘그물은 크고 넓어 엉성해 보이지만, 빠뜨리지 않는다.'는 뜻이다. 악인이 사람들을 속이고 세상까지

속이면서 한때 번영을 누릴지는 모르겠지만 하늘그물을 속일 수는 없고, 빠져나가지 못해 결국은 망한다는 의미이다. 신약성경 베드로전서 3장 11절에는 "악에서 떠나 선을 행하고 화평을 구하며 그것을 따르라"는 말씀도 있다. 『춘추좌씨전』에 나오는 '욕개미창欲蓋彌彰'은 덮으려고 할수록 더욱 드러난다는 말로, '잘못을 감추려고 꼼수를 부리면 부릴수록 그 잘못은 더욱 널리 알려지게 된다.'는 뜻이다. 나쁜 일은 생길 수 있지만, 그 나쁜 일은 덮지 말아야 한다. 덮으면 덮을수록 더욱 드러나기 때문이다.

3 ___ 산업용 사물인터넷Industrial Internet of Things

사물인터넷(IoT)은 산업용 사물인터넷(IIoT)을 포함해 '몸에 부착하거나 입거나 착용하는 형태'의 개인용 웨어러블 디바이스Wearable Device(웨어러블과 디바이스의 합성어로 옷, 안경, 시계 등과 같이 사용자의 신체에 착용할 수 있는 전자 장치나 기기), 스마트 온도계, 인터넷 연결 냉장고, 커넥티드Connected(연결된) 전구 등과 같은 다양한 사물들을 연결하지만, '산업용 사물인터넷(또는 산업인터넷)'은 제조 및 전력 발전소와 같은 산업앱(AppApplication 응용 소프트웨어)에 중점을 둔다. IIoT는 스마트팩토리, 스마트팜, 물류, 에너지, 광업, 운송, 근로자의 건강과 안전, 헬스케어 등 수많은 산업 영역을 변화시킬 것이다.

자율주행차와 자율삼단(오블리주)

'자율주행차'는 '운전자가 없이도 다양한 기술(SW+HW)을 통해 스스로

상황을 인지하고 판단하여 제어하면서 목적지까지 찾아가는 자동차'를 말한다. 노약자나 장애인 등 운전을 할 수 없는 교통 약자들에게 편리한 이동 수단을 제공한다. 탑승자는 주행하는 동안 시간을 자유롭게 활용할 수 있으므로 시간이 경쟁력이 되는 시대가 다가오고 있다. 4차 산업혁명 시대의 핵심자원(기술)인 자율주행차에 관한 시야(지식)를 넓히고, 자율삼단(오블리주)을 잘 소화하여 공직 근무역량을 강화하면서 신나게 근무하기를 희망한다.

1 ___ 자율주행차

우리나라를 비롯한 전 세계에는 10억 대 이상의 자동차가 달리고 있다. 이동 수단으로써 자동차는 우리에게 편리함을 주기도 하지만, 교통사고로 인한 피해와 환경오염의 주범이 되기도 한다. 전기 또는 수소로 운행하는 친환경 자율주행차는 교통사고를 대폭 줄이고 환경오염도 방지할 수 있다. 자율주행은 자율주행 수준에 따라 6단계(0~5단계), 자율주행 기본원리에 따라 3단계(인지-판단-제어)로 나눈다.

자율주행 수준에 따른 6단계*는, 0단계(완전수동), 1단계(특정기능자동: 차선 유지 등 한 가지 기능만 자율주행), 2단계(조합기능 자동: 상황에 맞는 속도 조절, 장애물 회피 등 2가지 이상의 자율주행), 3단계(조건부 자율주행: 특정 교통 환경에서 자동차가 모든 기능 제어, 운전자는 특수한 경우에만 개입), 4단계(고도 자율주행: 자동차가 스스로 모든 기능을 제어, 운전자는 필요), 5단계(완전 자율주행: 운전자는 없고 탑승자만 존재)로 나눈다. 그러면 5단계 완전 자율주행을

---

* 호드 립슨, 멜바 컬만, 『넥스트 모바일: 자율주행혁명』, 박세연 옮김, 길벗(2017), p. 448~450.

할 때 탑승자들은 무엇을 할까? 스마트폰으로 검색하거나 SNS를 이용하거나, 사물인터넷으로 영화를 보거나 전자책을 보거나 휴식을 취할까? 완전 자율주행이 시작되면 구글이나 아마존 등 글로벌 인터넷 기업이 수익을 증대할 수 있기 때문에 이들이 자율주행차에 관심을 갖는 것은 아닐까?

　자율주행 기본원리에 따른 3단계 중, 1단계인 인지는 자율주행차의 가장 중요한 기술이다. 주변 상황과 정보를 빠르고 정확하게 파악할 수 있어야 적절한 판단과 제어를 할 수 있다. 인지단계에서는 GPSGlobal Positioning System(위치 확인 시스템)와 카메라, 레이더, 센서 등을 활용해 주변 상황의 정보를 인식하고 수집한다. 2단계인 판단은 인지정보를 바탕으로 주행 전략을 결정한다. 자동차가 어떤 환경과 위치에 놓여 있는지를 파악하고 이미지를 분석한 후, 주행 환경과 목표 지점에 적합한 주행 전략을 수립하고 판단한다. 3단계인 제어는 엔진 구동과 주행 방향 등을 결정하며 자율주행을 시작한다. 인지를 눈과 귀와 같은 감각기관에 비유하고, 판단을 두뇌라고 한다면, 제어는 직접 움직이는 팔이나 다리이다. 자율주행차는 3단계(인지−판단−제어)를 반복(기계학습)하며 소프트웨어가 자율주행차에 명령을 하고 자율주행차는 그 명령에 따라 (군집)주행한다.

　이런 자율주행차는 현재 한정된 지역에서 운행 중이지만 최근 시범 운행 중에 기술적 결함으로 교통사고가 발생하고 법규 등 제도가 미비하여 일반적으로 이용할 수 있는 자율주행차는 출시가 지연되고 있다.

2 ___ 트롤리 딜레마 Trolley Dilemma

'트롤리 딜레마'*는 사람들에게 브레이크가 고장 난 트롤리(전차) 상황을 제시하고 다수를 구하기 위해 소수를 희생할 수 있는지를 판단하게 하는 문제 상황을 가리키는 말이다. 이는 유명한 윤리적 명제로, 위기에서 누구를 구할지 선택하는 문제이다. 예를 들면, "브레이크가 고장이 난 전차가 질주하고 있는데 앞쪽 좌측 선로에는 인부 5명이 있고, 앞쪽 우측 선로에는 인부 한 명이 있다. 여기서 선로를 바꿀 수 있다면 앞쪽 좌측이나 앞쪽 우측 중 어느 방향을 택할 것인가?"라는 문제이다. 다시 말하면 자율주행차가 사고를 피할 수 없을 때 자율주행차 탑승자는 한 명, 도로에는 5명의 사람이 있다면 어떻게 할 것인가? 또는 한 사람이 도로에 갑자기 나타났을 때 어떻게 할 것인가? 즉, "탑승자는 도로에 있는 사람들을 보호하기 위해 자기를 희생할 수 있을까?"라는 문제이다.

3 ___ 자율사물 Autonomous Things

'자율사물'은 사람이 수행하던 기능들을 스스로 움직일 수 있도록 자동화한 로봇, 드론, 자율주행차 등을 말한다. 자율사물은 인공지능AI을 통해 주변 환경 및 사람들과 자연스럽게 연결되어 상호작용하는 고차원적이고 다양한 작업을 수행한다. 자율사물이 확산되면 개별적이고 독립적인 지능형사물에서 벗어나 인간의 명령을 수행하거나 스스로 여러 디바이스(기기나 장치)들과 함께 작동할 수 있는 다양한 지능형사물이 발전하게 된다.

---

* 호드 립슨, 멜바 컬만, 『넥스트 모바일: 자율주행혁명』, 박세연 옮김, 길벗(2017). p. 381~387.

4 ___ 자율삼단: 삼단지계, 노블레스 오블리주

미투MeToo운동(나도 당했다)이 결국 정치계를 강타해서 2018년 3월 충청남도 안 모 도시시가 자진해서 물러났다. 지난해 정치 · 문화예술계 미투가 우리나라를 강타할 때 수면 위로 드러나지 않던 체육계 미투가 새해 초부터 동시 다발적으로 확산되고 있다. 정치인이나 예술지도자, 체육지도자 등이 평생 쌓아올린 공든 탑이 한순간에 와르르 무너져 내리는 것을 보면서 '삼단지계三端之戒'와 '노블레스 오블리주Noblesse Oblige'가 생각난다. 『한시외전』에 나오는 '삼단지계'란 원래 '문사의 필단筆端, 무사의 봉단鋒端, 변사의 설단舌端'을 가리킨다. 이 말은 글을 쓰는 사람은 붓끝을 조심해야 하고, 칼을 쓰는 사람은 칼끝을, 말하는 사람을 혀끝을 조심해야 한다는 말이지만, 사람은 평생 세 가지 끝端(끝 단) 즉, 혀(설단)와 주먹(권단拳端)과 성기(조단鳥端)를 조심하라는 비유로도 쓰인다. 다시 말하면 세 치 혀끝으로 뱉어낸 말로 화를 입을지 모르니 말을 조심하고, 말보다 손(주먹)이 앞서는 것(싸움, 폭력, 손더듬이 또는 성희롱)을 경계하고, 성기를 되는대로(미투) 놀리지 말라는 의미이다.

자율은 스스로 자기의 방종을 억제하는 한다는 뜻이니, 혀와 주먹과 성기 등 삼단을 함부로 쓰는 것을 억제하여 잘 사용(자율삼단)하고, 설사 잘못을 하게 되면 숨기지 말고 즉시 고쳐야 한다. 『논어』에 나오는 '과즉물탄개過則勿憚改'란 '자신의 행동이나 말이 잘못임을 알게 되면 고치기를 꺼리지 말고, 즉시 고치라.'는 말이다. 우리가 흔히 말하는 '개과천선改過遷善'은 '지난날의 잘못을 고치어 착하게 되라.'는 뜻이고, '개과불인改過不吝'은 '허물이나 과실이 있으면 이를 고치는 데 인색하거나 주저하지 않는다.'는 말이니 잘못을 하면 숨기지 말고, 그 잘못을 깨달아 주저하지 말고 즉시 고쳐야 한다.

노블레스는 귀족이나 고귀한 신분을, 오블리주는 의무나 책임을 의미한다. 프랑스 격언인 '노블레스 오블리주'는 '귀족(지도자/리더)은 귀족답게 행동해야 한다.'는 말로, 정당하게 대접받기 위해서는 노블레스(지도층/귀족/명예)만큼 오블리주(책임/의무)를 다해야 한다는 것이다. 이 말은 유럽에서 귀족이 전쟁에 나가 목숨을 바쳐 공동체의 안전을 지키고 그에 대한 대가로 백성들에게 세금과 복종을 요구한 데서 유래됐다. 그러므로 지도자와 공직자가 도덕적 사회적 의무나 책임을 다하고, 솔선수범하는 나라는 미래가 밝고 신뢰가 쌓이며, 국민은 그런 지도자와 공직자를 인정하고 따르게 된다.

적기조례와 규제차익

4차 산업혁명 시대에 우리나라의 새로운 성장 동력을 언급하면서, 규제와 관련하여서는 규제의 악법이자 대명사인 적기조례가, 규제 완화와 관련하여서는 규제차익이 자주 입에 오르내리고 있다. 그래서 적기조례와 어부지리, 규제차익과 가정맹어호를 설명하니, 공직자 여러분은 이 단어들의 의미를 잘 이해하여 우리나라가 경제적 돌파구와 새로운 성장 동력을 찾을 수 있도록 지혜를 얻어야 한다.

1 ___ 적기조례와 어부지리漁父之利
1826년 영국에서 사상 최초로 증기 자동차를 운행하였다. 증기 자동차는 물을 끓여 발생하는 고압증기로 움직이기 때문에 보일러 폭발 사고가 자주 발생했다. 또한 증기 자동차는 석탄 등의 고체연료를 사용해야 하므로 증기기관이 뿜어내는 공해문제가 심각했고, 마부 실업자의 증가로 마부들과 경쟁자인 기차운송업자들이 적기조례 제정을 위한 로비를 하게 되었다. 그리하여 1865년에 제정된 법규가 '붉은 깃발법, 적기법' 등으로도 불리는 적기조례Red Flag Act이고, 기관차량 조례Locomotive Act라고도 한다.

　적기조례의 주요 내용은, '최고 속도를 교외에서는 시속 4마일(6km/h 1mile≒1.6km), 시가지에서는 시속 2마일(3km/h)로 제한하고, 1대의 자동차에 세 사람(운전수, 기관원, 기수)이 필요하고, 기수가 낮에는 붉은 깃발을, 밤에는 붉은 등을 갖고 55m 앞을 마차로 달리면서 자동차를 선도해야 한다.'는 것이다. 이 조례는 1878년에 한 차례 개정을 거쳐 완화되고 1896년에 폐지되었는데, 30여 년간 적기조례의 규제 속에 있던 영국 자동차산업은 결국 독일, 프랑스 등 주변국인 제3자에게 주도권을 넘겨주게 되었다.

　'방휼지쟁蚌鷸之爭'은 도요새와 조개가 다투다가 다 같이 어부에게 잡혔다는 뜻으로, '제3자만 이롭게 하는 다툼'을 이르는 말이다. '어부지리漁父之利'는 어부의 이득이라는 뜻으로, '두 사람이 서로 싸우다 엉뚱한 사람이 이익을 얻었다.'는 의미로 두 고사성어 모두『전국책』에 나온다. 적기조례는 영국의 자동차 산업과 마차 산업의 갈등으로 제3자인 독일과 프랑스 등 주변국이 어부지리를 얻은 사례이므로 불필요한 규제를 합리적으로 완화하여야 한다.

❶ 우리나라에는 적기조례가 없는가?

자율주행차는 자동차 1대 이상의 의미가 있다. 자율주행차 1대가 하루에 생산하는 데이터량이 4,000GB^{Gigabyte} 이상이기 때문에 '움직이는 데이터센터'가 될 것이란 예측도 나온다. 인공지능^{AI}과 센서(반도체), 빅데이터 등을 결합한 자율주행차는 제조업(엔지니어링), 서비스업(모빌리티), 소프트웨어 산업이 포함되어 4차 산업혁명의 총아로 불리는 이유이다.

자율주행차에 대해 정부 당국이 '공장에서 부품 수백 개를 조립해서 만들어 운전자가 도로에서 운전하는 기계'라는 이전의 관념으로 자동차를 인식해, 여기에 맞춰 규제하고 관리한다면 미래형 산업 육성과 일자리 창출은 불가능하다고 다수 전문가들은 입을 모은다. 국내 최고 자율주행차 전문가 서승우(서울대학교 전기정보공학부) 교수와 '스누버'를 만든 학생들이 자율주행차 회사 토르드라이브를 창업한 후 7중고를 겪으며 한국이 아닌 실리콘밸리에서 도전할 수밖에 없는 상황은 한국 4차 산업혁명의 허울뿐인 현실을 그대로 보여준다.

한국 '4차 산업혁명' 가로막는 7중고

문제점	한국 현실	실리콘밸리·글로벌 상황
투자 규모	당분간 매출 없다고 투자 꺼려	비전펀드 등 미래 기술 위해 조단위 투자
인재 확보	AI, 자율주행차 글로벌 인재 확보 난항	디트로이트 → 실리콘밸리 인재 이동 중
규제 상황	도로교통법, 자동차관리법, 손해배상보장법 등 촘촘한 규제	가이드라인 정할 뿐 그 안에서 규제 느슨하게
사업 모델	차량공유 금지	2012년부터 본격 시행
파트너십	대기업 벤처 협력, 투자 기피	GM, 포드, 도요타 등 적극 투자
요소 기술	지도, 특허 등 세계 수준과 격차 커	센서, SW 등 기술 개발, 특허출원 적극
대중 인식	인명 피해 우려 부정적 인식 팽배	신기술 수용 우선, 사후 제도 개선

미국 실리콘밸리 vs 한국 자율주행차

🇺🇸 미국		한국 🇰🇷
60개사	운행 등록 기업	18개사
7개 (미 전역 117개)	허가 도시	1개
500~600대	실제 도로 운행 허가 대수	약 50대
100만마일 (웨이모)	운행 마일리지	5만마일 (토르드라이브)

*토르드라이브는 한국 운행 후 이전.
자료=DMV(미국), 국토교통부(한국), 블룸버그 등

자율주행차 보유 대수 (단위=대)

*미국은 캘리포니아 기준, 현대차는 국토부 발표 기준.
자료=DMV·국토부

GM	웨이모	애플	테슬라	현대차
175	88	70	39	15

_____ 출처: "도로교통법·車관리법 규제 거미줄…한국서 자율차 주행은 기적" 『매일경제』, 2018.12.3.

2 ___ 규제차익과 가정맹어호苛政猛於虎

아비트리지Arbitrage란 동일한 재화나 서비스의 가격이 국가나 지역에 따라 다를 경우 이를 이용해 차익을 얻는 경제행위이며, '국가 간, 지역 간에 발생하는 조세 부분 혹은 금융 부분 등의 규제차이를 이용해 차익을 실현하고자 하는 행위'를 '규제차익Regulation Arbitrage'이라고 한다.

물이 높은 곳에서 낮은 곳으로 흐르듯이 다국적 기업의 경우 세금부과, 기준금리, 가격통제, 노동 유연성, 외환통제 등 규제가 높거나 많은 나라에서 낮거나 적은 나라로 자금 등을 이전한다면 과다한 규제 때문에 발생하는 위험을 줄일 수 있다. 아울러 세계 각국(미국, 중국, 아이슬란드, 싱가포르 등)과 도시는 세금 감면, 저가 부지 제공, 규제 철폐 등 다양하고 유리한 조건들을 내세워 다국적 기업의 자본과 기술, 전문 인력 등을 적극적으로 유치하고 있다. 그러므로 4차 산업혁명 시대의 새로운 패러다임에서는 국내외 인력과 자본을 유치할 수 있는 생태계를 조성해야 한다.

❶ 조세차익

세계 각국은 고유한 법체계와 정책 목적이 다르기 때문에 조세법규가 다 같지는 않다. 조세법규와 세율 등의 차이로 국가 간 조세차익 거래가 발생한다. 하지만 조세경감을 위한 효과적 절세수단으로서 국가 간 조세차익 거래는 합법적이고 일반적이지만, 차익거래를 통한 소득세, 법인세, 상속세 등 세금절감 효과를 확대하기 위하여 조세피난처 Tax Haven를 동원하거나, 유리한 조세조약을 이용하여 조세를 회피하는 문제점이 있다. 조세피난처租稅避難處는 '개인이나 법인이 얻은 소득의 전부나 일정 부분에 대한 조세를 부과하지 않는 국가나 지역'으로, 세제우대, 외환거래 등 금융거래의 전반적인 부분에 대해 철저하게 비밀이 보장된다. 특히 금융거래의 익명성이 보장되기 때문에 탈세나 돈세탁 등 비정상적인 자금거래의 온상이 된다.

❷ 가정맹어호苛政猛於虎

『예기』에 나오는 '가정맹어호'는, '가혹한 정치(행정)는 사나운 호랑이보다도 더 무섭다.'는 말로 가정苛政은 혹독한(규제가 많은) 정치(행정)를 말한다. 즉, 가정맹어호는 세금이나 규제가 많아서 국민에게 미치는 피해는 호랑이보다 더 사납고 더 무섭다는 것을 의미한다.

가정맹어호의 내용을 간략히 정리하면, 공자가 노나라에서 제나라로 가던 중 허술한 세 개의 무덤 앞에서 슬피 우는 여인을 만나 그 사연을 물으니, 여인은 호랑이가 시아버지, 남편, 아들을 모두 잡아먹었다고 대답하였다. 이에 공자가 "그렇다면 이곳을 떠나서 사는 것이 어떠냐?"라고 묻자, 여인은 "여기서 사는 것이 차라리 낫습니다. 다른 곳으로 가면 무거운 세금과 혹독한 규제 때문에 그나마도 살 수가 없습니다."라고 대답하였다.

'2019 CES'에 등장한 블록체인

'스마트 계약Smart Contract'*은 블록체인에서 거래의 일정 조건에 만족하면 당사자 간에 자동으로 거래가 체결되는 기술이다. 스마트 계약을 지원하는 대표적인 플랫폼은 이더리움Ethereum이고, 스마트 계약은 금융 거래뿐만 아니라 부동산 계약 등 다양한 계약에 활용될 수 있다. 비트코인(블록체인 1.0), 이더리움(블록체인 2.0, 스마트 계약) 등의 암호화폐

---

* 돈 탭스콧 외1, 『블록체인 혁명』, 박지훈 옮김, 을유문화사(2017), p. 194-200.

와 관련해서, 우리가 피상적이고 선입견으로만 알고 있던 블록체인이 '2019 CES'에서 주요 테마에 포함되었다. 새로운 인터넷 혁명이라고 부르기도 하고 4차 산업혁명을 이끌 차세대 먹거리로 꼽히는 혁신기술의 하나라고도 하는 블록체인을 간략히 소개하니, 4차 산업혁명 시대에 새로운 경제성장의 돌파구를 마련하는 지혜를 얻기를 기대한다.

1 ___ 2019 소비가전 전시회(CES)

세계 최대의 가전제품 박람회인 '2019 CES International Consumer Electronics Show(소비가전 전시회)'가 1월 8일(현지 시간)부터 11일까지 미국 라스베이거스에서 열렸다. CES는 미국가전협회(CEA Consumer Electronics Association)가 주관해 매년 1월 미국 라스베이거스에서 열리는 세계 최대 규모의 가전 · IT제품 전시회로, 1967년 미국 뉴욕에서 제1회 대회가 열린 이후 지금까지 이어지면서 가전제품뿐만 아니라 최첨단 기술까지 한눈에 볼 수 있는 권위 있는 행사로 발전하였다. 금년 CES에는 155개 국가에서 4천 개 기업이 훨씬 넘는 많은 기업이 참가했고, CES의 주요 테마는 ① 블록체인 ② 5G(5세대 이동통신) ③ IoT(사물인터넷) ④ 광고, 엔터테인먼트 및 콘텐츠 ⑤ 자동차 ⑥ 스포츠, 건강 및 웰니스 Wellness(웰빙Well-Being과 행복Happiness, 건강Fitness의 합성어로 신체와 정신은 물론 사회적으로 건강한 상태를 의미) ⑦ 스마트홈 ⑧ 스타트업(신생 벤처기업) ⑨ 로봇공학 및 인공지능 ⑩ 가상/증강/혼합현실 등 실감형 미디어Tangible Media ⑪ 관광, 드론, 스마트시티, 무선서비스 등 매우 다양하다.

그중 올해 CES에 참여한 블록체인 기업은 30개가 넘는다. 프랑스 기업이 9개로 가장 많고, 미국 기업이 5개, 중국과 대만, 우리나라가 각각

2개 기업이 참여했다. 우리나라 기업은 위즈블WIZBL과 창대테크가 참여했고, 위즈블은 초당 최대 100만 건의 트랙잭션(거래)을 처리할 수 있는 블록체인 결제 시스템(비자카드는 초당 거래건수가 약 2만4,000건으로 추정)을, 창대테크는 블록체인을 활용한 유형·무형 자산관리 전자지갑 솔루션을 각각 공개했다. 싱가포르에 본사를 두고 있는 블록체인 기반 솔루션 업체 펀디엑스Pundi X는 블록체인 핸드폰 '엑스폰XPhone'과 POSPoint of Sales(판매시점 정보관리) 디바이스 '엑스포스XPOS' 등 다양한 블록체인 제품을 공개했다. 엑스폰은 기존 이동통신사를 거치지 않고도 통화나 문자 전송이 가능한 블록체인 스마트폰이고, 이동통신사 네트워크 대신 블록체인 네트워크를 통해 엑스폰 간 통화, 메시지 전송 등이 가능하다. 그 밖의 참여 기업들은 블록체인을 기반으로 학위 증명서 진위여부를 인증하는 서비스 등 다양한 분야의 기술을 전시했다.

2 ___ 블록체인Blockchain

블록체인은 블록에 데이터를 담아 거래 참여자들의 컴퓨터에 체인(사슬) 형태로 연결하고 복제해 저장하는 분산형 데이터 저장 기술(SW)이다. 블록체인은 거래 정보(데이터)를 하나의 덩어리(블록)로 보고 이것을 차례차례 연결한(체인) 거래 장부이다. 다시 말하면 블록은 개인 간 거래 장부가 되고, 새로 만든 블록은 앞서 만든 블록 뒤에 붙여져 순차적으로 연결된 체인이 되는 형태이다. 거래 내용을 담은 블록들이 체인으로 이어져 하나의 장부를 만들고, 모든 거래 장부를 네트워크 참여자들에게 공개하고 분산하여 관리한다. 그래서 공공 거래 장부 또는 분산 거래 장부라 한다.

블록체인 장부는 거래자만 보관하는 현실 속 장부와 달리 거래 내용이 모두에게 공개되어 안전하고 편리하다. 개인이 가진 거래 장부가 바뀐다고 하더라도 수많은 사용자들이 동일한 장부를 공유하고 있어서 즉시 원래대로 복구할 수 있고, 거래 내역을 바꾸고자 한다면 전체 사용자 과반수 이상의 장부를 동시에 변경해야 하기 때문에 데이터의 위조나 변조는 사실상 불가능하고, 해킹도 막을 수 있다.

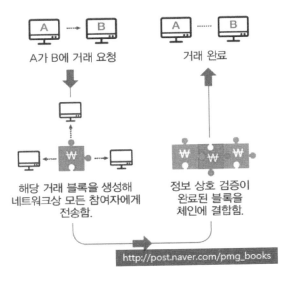

_____ 출처: 블록체인 거래 과정(네이버 지식백과 시사사전)

3 ___ 미들맨이 필요 없는 P2P 방식

블록체인은 거래를 할 때 신뢰성을 인정받은 '제3의 공인기관(예: 은행)'인 미들맨Middle Man이 필요 없다. 은행이나 제3기관을 거치지 않고 개인과 개인이 직접 송금이나 다양한 거래를 하기 때문에 거래비용이 대폭 줄고, 신속하게 처리할 수 있어서 매우 편리하다. 예를 들면, 유학생의 학비나 생활비를 자국은행에서 외국은행에 송금할 때 국제중개은행을 거쳐 해당은행의 유학생 계좌에 입금되는 과정을 생략하고 개인 간에 즉시 송금한다면 제3자가 없어 대리비용이 거의 없고, 얼마나 빠르고 편리하겠는가? 블록체인은 P2P^{Peer to Peer} 방식을 이용한다. 영어 단어 Peer는 '응시하다, 동료'라는 뜻으로, P2P란 컴퓨터와 컴퓨터를 직접 연결해 중앙 서버나 미들맨이 없이도 인터넷 등을 통해 각자 컴퓨터 안에 있는 데이터나 음악파일, 문서, 동영상 파일뿐만 아니라 DB, CPU 등을 공유할 수 있는 기술이다.

4 ___ 블록체인 활용

블록체인은 상품 및 서비스의 생산, 소비, 유통, 관리, 사후서비스 등 산업 전반에서 기존 모습을 크게 변화시킬 것으로 전망된다. 시간이 흐를수록 블록체인 기술은 공공분야, 금융분야, 제조유통분야, 사회문화분야, 보안서비스 등 사회 전 영역에 걸쳐 다양한 서비스가 늘어날 것으로 보인다.

:: 블록체인 활용 분야 ::

활용 분야	공공	금융	제조, 유통	사회문화
내용	우편서비스 토지대장관리 표결관리 의료기록관리 졸업학위 발급 군사기밀 송수신 등	지급 및 결제 예금 및 대출 보험계약 해외송금 자금조달 및 관리 암호화폐 등	사물인터넷 공급사슬관리 제품이력관리 설비효율성 관리 식품안전망 소비자 마케팅 전략 등	예술산업 음원 및 콘텐츠 카세어링 부동산 거래 블록체인 스마트폰 선물카드, 상품권 등

아울러 국내에서만 4,400만여 명이 사용하는 '국민 메신저' 카카오톡에 암호화폐 지갑 기능이 탑재된다. 카카오톡 이용자들이 모두 암호화폐 지갑을 보유하게 되고 카카오톡 메시지를 보내는 것처럼 간단하게 암호화폐를 주고 받을 수 있게 된다. 삼성전자의 최신 스마트폰 갤럭시S10에 암호화폐 지갑을 관리하는 '블록체인 키스토어'가 탑재된데 이어 전 국민이 사용하는 모바일 메신저에도 암호화폐 지갑이 탑재됨에 따라 암호화폐를 활용한 블록체인 서비스가 빠르게 일상생활에 확산될 수 있는 기반이 마련될 것으로 기대된다(출처: '국민 메신저 카카오톡에 암호화폐 지갑 탑재된다' 『파이낸셜뉴스』, 2019.3.18.).

📶 블록체인 활용 사례

- 블록체인을 활용해 공인인증서를 대체하는 개인인증 시스템을 도입하거나 생체 인증 시스템 구축
- 해외송금을 할 때 블록체인을 통해 송금에 걸리는 시간과 비용 대폭 절약
- IBM은 월마트(세계적 유통기업)와 청화대학淸華大學(중국 북경 소재)과 돼지고기 등 식품 유통과정에 블록체인을 적용, 이력을 관리하는 디지털 식품 안전망 구축
- 경기도청은 주요 심사에 블록체인 기술을 활용해 주민투표 시행
- SK C&C가 사물인터넷과 블록체인 기술을 연계하여 컨테이너 화물의 위치, 온도와 습도의 상태 정보를 자동수집, 실시간 공유
- 온두라스는 블록체인을 활용한 국가 토지대장 및 거래정보 기록 시작
- MIT는 대학 최초로 블록체인을 통해 졸업학위 발급 등

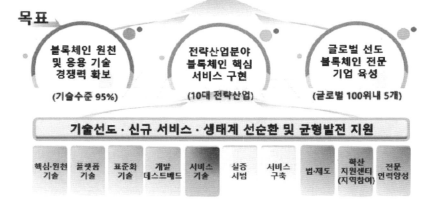

비전 투명·신뢰 사회 실현을 위한
Blockchain ICT Korea 선도

목표

블록체인 원천 및 응용 기술 경쟁력 확보	전략산업분야 블록체인 핵심 서비스 구현	글로벌 선도 블록체인 전문 기업 육성
(기술수준 95%)	(10대 전략산업)	(글로벌 100위내 5개)

기술선도 · 신규 서비스 · 생태계 선순환 및 균형발전 지원

핵심·원천 기술	플랫폼 기술	표준화 기술	개발 테스트베드	서비스 기술	실증 시범	서비스 구축	법·제도	확산 지원센터 (지역참여)	전문 인력양성

• 정부가 블록체인 생태계 구축 중장기 전략수립 사업을 추진한다.

_____ 출처: 한국인터네진흥원

제2장

새로운 트렌드에서
신나게 혁신하는 공직자

공직 / 국민 / 한국 / 세계 / 평화

소확행, 대확행, 중산층

2018년 우리나라 최고 유행어 중 하나는 '소확행*'이 아닌가 싶다. 연세가 있으신 분들은 소확행이 무슨 뜻인지 모르는 분이 많고, 우리나라와 미국, 영국 등의 중산층 기준이 전혀 다른데도 우리나라 대다수 국민이 모르는 것 같아서 소확행과 각국 중산층 기준을 소개하니 공직자 여러분도 행복이 무엇인지 생각하며 망중한忙中閑(바쁜 가운데 잠깐 얻어 낸 틈)의 여유를 느껴보기를 희망한다.

---

* 김난도 외7, 『트렌드 코리아2018』, 미래의창(2017), p. 247-268.

1 ___ 소확행小確幸

소확행은, 일본 작가 무라카미 하루키가 1986년에 쓴 수필집『랑겔한스섬의 오후』에서 처음 사용한 말로, '작지만 확실한 행복' 또는 '소소하지만 확실한 행복'을 줄인 말이다. 즉, 갓 구운 빵을 손으로 찢어 먹을 때나, 서랍 안에 반듯하게 정리되어 있는 속옷을 볼 때 느끼는 행복과 같이 바쁜 일상에서 느끼는 작은 즐거움을 뜻한다. 스웨덴의 라곰 Lagom(소박하고 균형 잡힌 생활), 프랑스의 오캄Au calme('고요한, 한적한'을 뜻하는 말로, 스트레스를 받지 않고 심신이 편안한 상태, 또는 그러한 삶을 추구하는 경향), 덴마크의 휘게Hygge(안락하고 아늑한 상태, 주로 소박한 일상에서 행복을 찾는 덴마크식 생활방식) 등도 유사한 말이다.

2 ___ 소확행을 보는 시각

소확행에 대한 시각은 두 가지가 있다. 하나는 구조적으로 보아 소확행을 비난하는 시각이고, 다른 하나는 행복이 무엇인가라는 행복 담론에 대한 시각이다. 그리고 소확행에서 대확행大確幸(크고 확실한 꿈을 가지고 열심히 살아가는 행복, 저자 정의)도 찾아야 한다.

❶ 구조적 시각

소확행은 노오력(노력보다 더 큰 노력을 하라는 말로, 사회가 혼란하니 노력만 가지고는 되지도 않는다는 것을 풍자한 말)한다고 해서 성공이 보장되지 않는 우리 사회의 구조적 현실에서 생겨난 것으로, 'N포세대'로 불리는 청년들의 애달픈 삶이 투영되어 있다는 시각이다. 사전은 'N포세대'를 어려운 사회적 상황으로 취업이나 결혼 등 여러(N) 가지를 포기해야 하는 세대라고 정의하고 있다. 이런 N포세대는 기존의 3포세대(연애, 결혼, 출산 포기), 5포세대(3포세대+내 집 마련, 인간관계 포기), 7포세대(5포세대+꿈, 희망 포기), 9포세대(7포세대+건강, 외모 포기)에서 더 나아가 여러 가지를 포기해야 하는 세대라는 뜻에서 나온 말이고 2포는 영어와 수학 포기한다는 말이다.

❷ 행복 담론 시각

'어떻게 행복할까?'에서 '왜 행복을 추구할까?'라고 행복에 대한 담론과 질문이 변화했다. '어떻게'는 행복을 관념적이고 의식적으로 분석한 것이라면, '왜'는 행복을 감정적 · 생리적 현상으로 본다. 즉, 갓 구운 빵을 손으로 찢어 먹는 것 등 음식을 먹을 때 행복감을 느끼는 이유, 깨끗하게 잘 정리되어 있는 속옷을 보고 느끼는 행복은 관념적이 아니라 감정적 · 생리적인 것으로 볼 수 있다. 더불어 고령화, 저성장, 취업난 등으로 소득과 생활이 불안정하여 행복의 기준이 미래에서 지금으로, 특별함에서 평범함으로, 진하거나 강하고 큰 것에서 작더라도 지금 자주 느낄 수 있는 소확행을 추구하게 되었다.

❸ 소확행과 대확행

소확행을 추구하는 청년들을 꾸짖고 비난만 할 것이 아니라 특히 공직자 여러분들은 청년문제를 해결하는 데 노력하고, '소확행'을 통해 '대확행'을 만들어 내는 생태계를 조성해야 한다. 우리나라의 기둥인 젊은이들이 소확행만을 강조하다 보면 눈앞의 작은 행복에만 만족하게 되고 꿈이 없어져 나라의 미래도 암담하게 된다. 그래서 N포세대(N抛世代)란 말에서 포(抛 던질 포)자를 기(起 일어날 기)자로 바꾸면 우리 청년들에게 희망과 용기를 주는 N기세대N起世代가 되듯이, 우리나라 방방곡곡에서 청년들에게 희망과 용기를 주어서 여러(N) 번이라도 다시 일어나게 하는 'N기세대' 운동이 일어나 우리 청년들이 소확행뿐 아니라 대확행도 추구하는 분위기를 만들어야 한다.

3 ___ 중산층中産層, Middle Class의 기준

세계적으로 중산층에 대한 통일된 기준은 없지만, 경제협력개발기구 OECD는 중간 소득(전체 국민을 소득 순으로 한 줄로 세웠을 때 정확히 중간에 있는 사람의 소득)의 50~150% 소득계층을 중산층으로 보고 있다. OECD는 중간 소득의 50% 미만을 빈곤층, 50~150% 미만을 중산층, 150% 이상을 고소득층(상류층)으로 분류하고 있다. 중산층은 경제적 사회문화적 수준이 중간 정도이면서 스스로 중산층 의식이 있는 사회 집단이다. 중산층이 두터워야 안정된 사회라는 것이 정설이지만 설문조사 및 일부 대학 등에서 제시한 기준에 따르면, 세계 각국의 중산층 기준(출처: 인터넷)은 우리와 많이 다르다. 우리 사회의 통합과 안정적 지속 성장을 위한 지혜를 얻고자 우리나라와 미국, 영국, 프랑스의 중산층 기준을 비교해 본다.

우리나라는 오직 물질적·경제적 형편 즉, 돈이 많고 적은 것으로 중산층의 기준을 삼는 반면에, 미국과 영국, 프랑스는 자기 삶에 대한 인식과 사회정의 추구, 약자에 대한 배려를 통한 사회통합을 중시한다. 자아인식, 정의와 배려 등은 우리나라 중산층도 추구해야 할 가치이다. 대다수가 중산층인 공직자 여러분은 이러한 가치를 실현하면서 소확행도 대확행도 모두 다 느끼고 누리기를 희망한다.

📶 각국 중산층 기준

한국의 중산층 기준(직장인 대상 설문결과)

- 부채 없는 30평 이상 아파트 소유

- 월급 500만 원 이상

- 자동차는 2,000CC급 이상 중형차 소유

- 예금액 잔고 1억 원 이상 보유

- 해외여행 1년에 한 차례 이상 다닐 것

미국의 중산층 기준(공립학교에서 가르치는 중산층 기준)

- 자신의 주장에 떳떳하기

- 사회적 약자 돕기

- 부정과 불법에 저항하기

- 정기적으로 받아보는 비평지가 테이블 위에 놓여 있기

영국의 중산층 기준(옥스포드 대학에서 제시한 중산층 기준)

- 페어플레이 하기

- 자신의 주장과 신념 갖기

- 독선적으로 행동하지 않기

- 약자를 두둔하고 강자에 대응하기

- 불의, 불평, 불법에 의연히 대처하기

프랑스의 중산층 기준

[퐁피두 대통령이 '삶의 질(카르데 드 비Qualite de vie)'에서 정한 중산층 기준]

- 외국어 하나 정도는 할 수 있기
- 직접 즐기는 스포츠 갖기
- 다룰 줄 아는 악기가 있을 것
- 남들과 다른 맛을 내는 요리 만들기
- '공분'에 의연히 참여하기
- 약자를 돕고 봉사활동을 꾸준히 하기

디지털경제, 디지털원주민, 디지털격차, 노티즌

디지털 기술이 정치, 경제, 사회 등 다양한 영역에 근본적이고 거대한 변화를 이끌어 내고 있다. 공직자들이 급변하는 디지털 환경을 이해하고 잘 활용하도록 디지털경제, 디지털전환, 디지털원주민, 디지털격차, 노티즌 등을 소개한다(네이버 지식백과 참조).

1 ___ 디지털경제Digital Economy

디지털경제는 데이터나 물리량을 연속적인 변화량으로 나타내는 아날로그와 달리 0과 1의 숫자조합으로 정보를 표현하는 디지털 개념과 경제를 합성한 용어로, 미국 MIT 미디어 테크놀로지 교수 니콜라스 네그로폰테Nicholas Negroponte가 물질 최소 처리 단위인 원자Atom에서 정보 최소 처리단위인 비트Bit로 이전되는 양상을 설명하면서 은유적으로 사용하였다. 니콜라스 네그로폰테 교수는 『디지털이다Being Digital(1995년)』로 대표되는 저술활동을 통해 "미래를 발명"하며 디지털 시대를 선도한 대표 인물이다. 디지털경제는 디지털 기술의 혁신적 발전과 더불어 새롭게 창출되는 디지털 상품 및 서비스가 전체 경제에서 차지하는 비중이 커지는 경제를 말하고, 인터넷을 기반으로 이루어지는 모든 경제활동이며, e비즈니스는 디지털경제의 대명사이다.

디지털경제에서 성공하고 살아남기 위한 핵심요소는 '3C'이다. 3C는 독창성Creativity, 소비자Customer, 신용 또는 신뢰Credit이다. 디지털경제에서는 독창성과 창의성, 신용 없는 기업은 살아남을 수 없으니, 기업만의 고유한 이미지를 개발하고 계속 발전해야만 살아남을 수 있다. 생산자와 소비자가 스마트폰이나 인터넷, 플랫폼 등을 통해 직접 만날 수 있게 되면서 소비자들이 시공간의 제약 없이 원하는 상품을 마음대로 고를 수 있게 되어 사소한 다수인 소비자가 주목 받는 롱테일법칙Long Tail Theory(시장의 중심이 20% 소수에서 80% 다수로 옮겨가고 있는 것)이 부각되었다. 디지털경제에서는 업체 간 제휴나 협력이 큰 비중을 차지하므로 신용이 기업의 존망을 결정짓고, 국가나 사회뿐만 아니라 정치·사회적 동물인 사람도 신뢰가 있어야 지속 성장하고 발전할 수 있다.

2 ___ 디지털전환Digital Transformation

'디지털전환 또는 디지털 트랜스포메이션'은 디지털 기술을 사회 전반에 적용하여 전통적인 사회 및 경제 구조를 혁신시키는 것으로, 사물인터넷IoT, 인공지능AI, 빅데이터, 블록체인 등 정보통신기술을 플랫폼으로 구축하고 활용하여 기존 전통적인 기업 운영 방식과 서비스 등을 혁신하는 것을 의미한다. 디지털전환을 위해서는 아날로그 형태를 디지털 형태로 변환하는 전산화 단계와 산업에 정보통신기술을 활용하는 디지털화Digitalization 단계를 거쳐야 한다. 전환(트랜스포메이션)이란 단순히 '변화'가 아닌 '변혁'을 의미하고 디지털화된 소비자, 디지털화된 시장이 눈앞에 다가오는데 여전히 과거의 아날로그 방식으로 대응하면 살아남을 수가 없다. 디지털화된 소비자는 더 이상 한 기업에 충성하는 소비자가 아니다. 소비자의 변화에 맞게 대응하는 기업은 생존할 수 있지만 그렇지 못한 기업은 도태될 수밖에 없다.

디지털전환 사례로, 산업인터넷용 소프트웨어 플랫폼 프레딕스Predix, 모바일앱으로 주문과 결제를 할 수 있는 스타벅스STARBUCKS의 '사이렌오더서비스Siren Order Service'가 있다. 프레딕스Predix는 산업 운영 데이터를 수집, 처리하는 GEGeneral Electric의 자회사인 GE Digital의 플랫폼으로, 기업이 센서가 달린 산업용 장비에서 수집한 데이터를 활용할 수 있는 표준적인 방법을 제공한다. 이를 이용하면 소프트웨어와 플랫폼 기술을 사용해 생산 설비의 신뢰를 높이고 관리를 자동화할 수 있고, 제어기의 고장여부를 추적하는 것도 가능하다. 프레딕스Predix는 산업인터넷용 플랫폼으로 스마트팩토리에 적용된다. 사이렌오더서비스는 매장 근처에서 모바일로 주문과 결제가 쉽게 가능하고, 주문한 사람이 매장에 들어서면 줄 서서 기다릴 필요 없이 커피를 받을 수 있는 서비스이다. 사이렌오더서비스는 O2O서비스(이 책 p.89 참조)의 일종이다.

3 ___ 디지털원주민Digital Natives

'디지털원주민'은 2001년 미국교육학자 마크 프렌스키Marc Prensky의 논문 「디지털원주민Digital Natives, 디지털이주민Digital Immigrants」에서 처음 사용한 말로, 1980년에서 2000년 사이에 태어난 세대를 말한다. 디지털원주민은 태어날 때부터 디지털 기기에 둘러싸여 성장한 세대로 디지털적인 습성과 사고로 이전 다른 세대와 전혀 다르게 생각하고 행동하는 젊은 세대다. 디지털키즈Digital Kids(휴대폰을 비롯해 각종 디지털 기기를 능숙하게 다루는 세대) 또는 밀레니얼Millennial이라고도 한다. 1980년대 개인용 컴퓨터, 1990년대 휴대전화와 인터넷 확산에 따른 디지털 혁명이 탄생시킨 세대를 말한다. 반면 아날로그적 취향이 배어 있는 1980년대 이전에 출생한 세대는 디지털이주민이지만 50~60대 중에서도 스마트폰과 인터넷을 사용할 수 있는 노티즌도 있다.

4 ___ 디지털격차Digital Divide

디지털격차(디지털 디바이드)는 디지털이 보편화되면서 제대로 활용하는 계층은 지식이 늘어나고 소득도 증가하는 반면, 디지털을 이용하지 못하는 사람들은 발전하지 못해 양 계층 간 격차가 커지는 것으로 정보소유계층과 정보비소유계층 간의 격차를 말한다. 즉, 디지털경제에서 나타나는 계층 간, 세대 간 불균형을 말하며 빈부 간에 디지털화가 차이가 나고 사회에서 필요로 하는 인터넷 지식을 갖추지 못할 경우 디지털격차가 점점 깊어진다. 아울러 좋은 기기를 갖고 있는가, 인터넷 접속은 용이한가, 스마트폰이나 인터넷을 제대로 사용할 줄 아는가에 따라 삶의 기회와 질이 달라진다. 그러므로 지식 및 인터넷의 '부익부빈익빈 현상'이라고 말할 수 있다.

신기술 개발은 일반적으로 인간의 삶을 풍요롭고 편리하게 하지만, 새로운 기술들은 대체로 가격이 비싸고 다루기가 복잡하기 때문에 지식과 재산을 가진 특정한 계층이 접근하기 쉽다. 중산층 이상 가정의 자녀들은 인터넷 환경에 노출돼 있는 반면, 저소득층 가정에서는 인터넷을 배울 기회가 부족하다. 디지털격차는 단순히 정보의 격차에만 한정되지 않고 인식과 생각의 격차, 감정의 격차, 문화의 격차, 세대의 격차로 확대되면서 새로운 사회적 격차와 갈등을 야기할 수 있다.

▎ 디지털격차 사례: 엄지족 vs 앱맹 …극과극 풍경

명절 기차표 예매에도 디지털격차에 따른 극과극 풍경이 펼쳐지고 있다. 명절 연휴를 앞두고 1월 30일 CBS노컷뉴스 취재진이 찾은 서울역에는 매표소 창구로 몰린 노년층과 무인발권기로 향하는 젊은층의 대조가 극명했다. 이날 서울역을 찾은 60~70대들은 무인발권기로 향했다가 다시 매표소로 발길을 돌려 한참을 기다린 뒤에야 겨우 표를 구하는 모습이었다.

김 모 씨(75세)는 "배워야 되는데 촌 영감이라 몰라서 한 30분 기다렸다."고, 주 모 씨(75세)도 "인터넷으로 하면 참 좋지만, 사용할 줄 모르고 기계로 해도 자꾸 실수를 하게 된다."고 했다. 박 모 씨(69세)를 비롯해 노약자 매표창구 이용객들은 "나이 많은 사람들을 별도로 해주고, 표로 바로 주니까 차라리 낫다."고 말했다. 노약자 우선창구가 마련됐다는 건 배려와 편의 목적이지만, 디지털래그Digital Lag(디지털 시대에 뒤떨어지는 현상)가 심각하다는 반증이기도 하다. 반면, '엄지족'(스마트폰 세대)들은 스마트폰앱(코레일톡)을 사용하거나 무인발권기를 선호하는 편이다(출처: CBS노컷뉴스 2019.2.4.).

5 ___ 노노족^{No老族}, 노티즌^{老tizen}, 할빠, 할마,
　　　 웰에이징^{Well-Aging}, 슈퍼에이저^{Super Ager}

'노노족'은 영어 노^{No}와 한자 노^老를 합친 용어로 '늙지 않는 노인' 혹은 '늙었지만 젊게 사는 노인'을 말하고 '노노세대'라고도 한다. 기존 노인이미지에서 벗어나 제2의 인생을 사는 젊은 50~60대를 일컫는 말이다. 일찍이 노년을 대비해 온 노노족은 탄탄한 경제력과 시간적인 여유를 기초로 하는 실버산업, 실버문화의 주인공으로, PC 통신 등 젊은이들의 문화를 수용하는 데 적극적이다. 노인과 네티즌의 합성어인 노티즌(老tizen=老人+netizen, 인터넷을 즐겨 이용하는 노인)은 노노족 중에서 인터넷과 스마트폰을 사용할 수 있는 사람들을 말한다. '할마할빠'는 할머니, 할아버지가 손주를 대신 돌보는 이른바 '황혼 육아'가 늘어나면서 생겨난 말이다. '할빠'는 할아버지와 아빠가 결합된 합성어로 육아를 전담하는 할아버지를, '할마'는 할머니와 엄마가 결합된 합성어로 육아를 전담하는 할머니를 말한다.

　웰비잉^{Well-Being}은 사람이 사람(아름)답게 사는 것을, 웰에이징^{Well-Aging}은 사람이 사람답게 나이 드는 것을, 웰다잉^{Well-Dying}은 사람이 사람답게 죽는 것을 말한다. 사람이 아름답게 하늘나라로 가는 것도 어려운 일이지만 더 곤란한 것은 아름답게 나이를 먹는 것으로, 현직에 근무하고 있을 때 퇴직 후의 인생을 아름답게 살아가는 준비를 미리미리 하여 퇴직 후에도 건강한 행복백세를 맞이하기를 희망한다.

　'슈퍼에이저(슈퍼 노인)'란 신체 나이에 비해 뇌의 나이가 젊은 사람을

의미한다. 실제 나이는 80대지만 뇌 나이는 50대나 40대인 사람들로, 나이보다 훨씬 기억력이 좋은 젊은 뇌를 가진 사람들이다. 배움(인문학, 어학 등), 규칙적인 운동, 건강한 음식, 숙면熟眠, 친교생활 등 건전한 생활습관이 건강한 노화를 촉진시키고 슈퍼에이저가 되는 비결이다.

미코노미|MEconomy

나Me와 경제활동Economy을 의미하는 두 단어를 합성한 미코노미(Me+Economy, 개인경제)는 제레미 리프킨의 『소유의 종말The Age of Access(접속의 시대)』에서 처음 언급되었고, '나 또는 개인'이 주체가 되는 다양한 경제활동을 의미한다. 미코노미는 디지털 기술, 모바일 등 뉴미디어 플랫폼, 초고속 인터넷 등 네트워크 환경의 발달로 개인이 정보제작·가공 및 유통을 전담하는 프로슈머로서 역량이 강화되면서 생겨난 경제 현상이다. 미코노미의 출발은 개인인 '나'이므로, 국가 및 세계 경제와 같은 거시경제가 아닌 미시경제 중에서 소규모 단위인 개인경제를 중시한다. 개인경제와 관련하여 나타난 용어인 '프로슈머, 욜로, 롱테일법칙, 1코노미, 포미족, 혼족, 관태기, 동노' 등을 설명하니 공직자 여러분도 새로운 트렌드에 맞춰 새로워지면서 신나게 근무하기를 기대한다.

1 ___ 프로슈머Prosumer(참여형 소비자)

'생산자'를 뜻하는 'Producer'와 '소비자'를 뜻하는 'Consumer'의 합성어로, 생산에 참여하는 소비자를 의미한다. 이 말은 1980년 앨빈 토플러가 그의 저서 『제3의 물결』에서, 21세기에는 생산자와 소비자의 경계가 허물어질 것이라고 예견하면서 처음 사용되었다. 프로슈머는, 소비는 물론 제품의 생산과 판매에도 직접 관여하여 해당 제품의 생산 단계부터 유통, 판매, 애프터서비스에 이르는 모든 과정에서 소비자의 권리를 행사한다. 즉, 시장에 나온 물건을 선택하여 소비하는 수동적 소비자가 아니라 자신의 취향에 맞는 물건을 요구하거나 스스로 창조해나가는 능동적 소비자이다.

2 ___ 욜로YOLO(개별 삶)

욜로는 '인생은 한 번뿐이다.'를 뜻하는 You Only Live Once!의 앞 글자를 딴 용어로, 현재 자신의 행복을 가장 중시하여 소비하는 태도이다. 욜로의 기조에 맞게 현재를 즐기는 생활을 '욜로 라이프', 이런 인생을 사는 사람들을 '욜로족' 혹은 '투데이Today족'이라고 한다. 이들은 미래를 위해 또는 남을 위해 희생하지 않고 개인의 현재 행복을 위해 소비한다. 즉, 욜로족은 한 번뿐인 인생에서 기회를 놓치지 않고 현재를 즐기며 산다. 투데이족은 하루하루에 충실하고, 최선을 다해 하루를 살며 그날 누릴 행복을 그날 느낀다. 그들은 막연히 미래에 행복이 올 거라고 믿는 뜬구름 같은 생각 대신, 구체적인 행복을 만들어가는 사람들이다.

3 ___ 롱테일법칙Long Tail Theory(역파레토법칙)

롱테일법칙이라는 말은 2004년 10월 미국의 인터넷 비즈니스 관련 잡지 『와이어드Wired』의 편집장 크리스 앤더슨Chris Anderson이 처음 사용하였다. 파레토법칙(결과물의 80%는 조직의 20%가 생산한다는 이론)과는 거꾸로

80%의 '사소한 다수'가 20%의 '핵심 소수'보다 뛰어난 가치를 창출한다는 이론으로, '역逆파레토법칙'이라고도 한다. 예를 들면, 온라인 서점 아마존닷컴의 전체 수익의 절반 이상은 오프라인 서점에서 서가에 비치하지도 않는 비주류 단행본이나 희귀본 등 이른바 '팔리지 않는 책'들에 의하여 발생하고, 인터넷 검색 엔진 구글의 주요 수익원은 거대 기업들이 아니라 꽃배달 업체나 제과점 등 '소규모 광고주'이다. 이와 같이 사소한 다수의 개인들이 시장의 주인공으로 등장하는 것, 이것이 바로 롱테일법칙에서 나타나는 현상이다.

4 ___ 1코노미(1인경제, 1conomy)

숫자 1과 경제Economy의 합성어로, 혼자만의 생활을 즐기며 소비 활동을 하는 것을 뜻한다. 혼밥(혼자 밥 먹기), 혼술(혼자 술 마시기) 등 혼자서 즐기는 문화가 확산되면서 등장한 말이다. 1코노미의 증가에 따라 이들을 대상으로 하는 마케팅의 중요성이 커져 1인용 식당, 1인용 팝콘 등 혼족을 위한 상품과 서비스가 늘어나고 있다.

5 ___ 포미족FOR ME族

포미족은 자신이 가치를 두고 있는 상품은 다소 비싸더라도 과감히 투자해서 적극적으로 소비하는 소비자를 일컫는다. 여기서 포미FOR ME는 건강For Health, 싱글족One, 여가Recreation, 편의More convenient, 고가Expensive의 알파벳 앞 글자를 따서 만든 신조어이고, 포미족은 '작은 사치'를 추구하는 소비 경향을 보인다.

6 ___ 혼족族

'혼(자)'이라는 글자와 공통된 생활양식을 지닌 사람들이라는 뜻의 '족族'을 합쳐서 만든 말이다. 1인 가구가 늘어나기 시작한 2010년대부터 사용되기 시작한 단어로, 새로운 생활양식의 사람들을 뜻한다. 혼족은 혼자 밥을 먹고(혼밥), 혼자 여가생활과 쇼핑을 즐기며(혼놀), 여행도 홀로 떠나고(혼행), 술도 혼자 술집에서 마시는(혼술) 등 혼자 활동하는 취미를 가졌거나 그런 성향이 강한 사람들을 말한다. 어쩔 수 없이 혼자 사는 '1인 가구'와는 다른 말이다.

7 ___ 관태기關怠期(관계 맺기 권태기)

'관계'와 '권태기'를 합성한 말로, 인맥을 관리하고 새로운 사람과 관계 맺는 것에 싫증을 느끼는 현상을 일컫는다. 관태기가 생겨난 원인으로는, 인간관계에서 잘 맞지 않는 사람과 억지로 친하게 지내는 것에 대한 스트레스, 관계를 맺고 끊는 것이 쉬운 온라인 관계에 익숙해진 것 등을 꼽는다.

8 ___ 동노(코노, 혼동노)

'동노'는 소수의 인원이 들어갈 수 있는 작은 공간에 동전을 넣고 노래를 부르는 '동전 노래방'을 줄여 이르는 말로, '코노(코인 노래방)'라고도 한다. 관태기를 겪는 사람들이 많아지면서 '혼동노(혼자 동전 노래방에 가는 것)'라는 말도 생겨났다.

공유경제共有經濟*

1984년 하버드대학교 마틴 와이츠먼 교수의 논문「공유경제: 불황을 정복하다」에서 공유경제Sharing Economy의 개념이 처음으로 등장했고, 2008년 로런스 레식 하버드대학교 교수는 '제품이나 서비스를 소유하는 것이 아니라, 필요에 의해 서로 공유하는 활동'을 공유경제라고 하였다. 또 레식 교수는 상업경제Commercial Economy와 대비해서, 공유경제는 '제품이나 문화에 대한 접근이 가격에 의해 규정되지 않고 사회적 관계의 복잡한 조합에 의해 규정되는 경제를 의미한다.'라고 정의했다.

공유경제는 유형자원과 무형자원 및 서비스를 모두 포함하며, 제공되는 서비스 형태에 따라 쉐어링Sharing(공유), 물물교환, 협력적 커뮤니티의 세 가지로 분류할 수 있다.

쉐어링은 사용자들이 제품 혹은 서비스를 소유하지 않고 사용할 수 있는 방식으로 자동차쉐어링, 자전거쉐어링, 장난감 대여, 도서 대여 등이 있다.

물물교환은 필요하지 않은 제품을 필요한 사람에게 재분배하는 방식으로 경매시장, 물물교환시장, 중고매매, 상품권 교환 등이 있다.

협력적 커뮤니티Community는 특정한 커뮤니티 사용자 사이의 협력을 통한 방식으로 차량공유서비스(플랫폼)인 우버Uber, 숙박공유서비스(플랫폼)인 에어비앤비Airbnb, 오피스공유서비스(플랫폼)인 위워크WeWork 등이 협력적 커뮤니티 공유경제이다. 공유경제에 대한 공직자 여러분의 이해를

---

* 차두원 외1, 「초연결시대, 공유경제와 사물인터넷의 미래」, 한스미디어(2017), p. 22-43.

돕기 위해 기획재정부가 작성한 '공유경제의 주요 분야와 글로벌 대표 기업'을 인용하니 새로운 트렌드에 익숙해져 신나게 일하기를 희망한다.

'공유경제'의 주요 분야와 글로벌 대표 기업

주요 분야		서비스 제공·이용 방식	주요 글로벌 기업
숙박		빈집·빈방을 숙박공유 플랫폼에 제공	에어비앤비(Airbnb)
교통	차량공유	모바일 기반 무인렌트업, 시간단위 대여·이용	집카(Zipcar), 씨티카셰어(Citycarshare)
	승차공유	비상업용 자동차 이용한 유상 운송	우버(Uber), 리프트(Lyft)
금융 (크라우드 펀딩)	증권형	펀딩 대가로 지분 취득, 배당수익 등 수취	고펀드미(GoFundMe), 킥스타터(KickStarter)
	대출형	펀딩 대가로 약정된 금리·원금 수령 (P2P 대출)	
	기부형	기부금 및 개인적인 프로젝트 자금 모집	이쿼티넷(EquityNet), 크라우드큐브(CrowdCube)
	보상형	펀딩 대가를 물품으로 수령 (사전 판매)	렌딩클럽(Lendingclub), 조파(Zopa)
공간		매장, 회의실, 주차당 등을 공동 이용	리퀴드스페이스 (LiquidSpace), 저스트파크(JustPark)
재능		노동(청소, 수리 등), 지식·경험 공유	태스크래빗(Taskrabbit), 핸디(Handy)

_____ 출처: 기획재정부

1 ___ 공유경제의 발전

공유경제는 소비자의 가치관 변화, 기술의 발전, 정책적 배려 등으로 발전을 거듭하고 있다. 플랫폼과 간편 결제 기술 등이 발전하면서 공급자와 수요자 간에 플랫폼을 통해 쉽게 자원 등을 공유할 수 있게 되었고, 정책적으로는 공유주차, 공유자전거 등 각종 공유서비스에 대한 지방 정부의 지원이 확대되고 있다. 디지털원주민Digital Native(태어나면서부터 디지털 기기를 자연스럽게 접함으로써 디지털적 습성과 사고를 지닌 세대)인 20~30대 소비자는 스마트폰앱으로 언제 어디서나 필요한 자원과 서비스를 쉽게 공유할 수 있다.

2 ___ 공유경제의 공과功過

새로운 경제 패러다임인 공유경제는 새로운 시장 개척, 신뢰 제고 및 자원 절약과 환경문제 해소 등의 장점도 있지만 기존 시장 감소, 비정규직 양산, 제도 간 충돌 및 법규에 위배되는 문제도 있다.

공功: 긍정적인 면

공유경제는 사용자와 중개자(플랫폼) 등 사회 전체 모두에게 이익이 되는 상생相生 또는 원원WIN-WIN구조를 가지고 있다. 공유경제는 거래 당사자들에게 이익을 가져다 줄 뿐 아니라 자원 절약과 환경문제의 해결을 가능하게 하여 사회 전체에 기여한다. 공급 측면에서는 기존 자원을 활용해 새로운 경제이익을 부가하며, 수요 측면 즉, 소비자 입장에서는 낮은 가격으로도 제품이나 서비스 선택의 폭이 크게 넓어지고, 개별 이용자의 맞춤형 소비를 가능하게 하는 온디맨드On-Demand 및 롱테일Long Tail 수요를 충족할 수 있다. 특히 숙박공유서비스를 이용하면 호텔보다 저렴한 가격에 다양한 형태의 숙소에서 묵을 수 있고, 현지인과 체류하면서 현지 생활과 문화를 체험(체험경제)할 수 있다. 그러므로 공유경제에서는 사회의 양적·질적 후생이 증가하게 된다.

공유경제에서는 공급자와 사용자의 정보와 평판(좋아요 등)을 통해 서로 연결되므로 사회적 신뢰를 높일 수 있어서 신뢰가 중요한 가치가 된다. 공유경제서비스 기업은 SNS, 휴대전화, 이메일, 지문 또는 홍채인식虹彩認識(Iris Recognition : 지문인식기술에 이어 등장한 보안 시스템으로 사람마다 고유한 특성을 가진 안구의 홍채 정보를 이용해 사람을 인식하는 기술) 등의 자체 인증 시스템을 통해 서비스 제공자의 신원을 보장하고, 서비스 이용자와 제공자로부터 쌍방향 평가를 받아 신뢰도를 높인다. 또한 새로운 공유플랫폼을 제공할 수 있는 스타트업(신생 벤처기업)들은 무궁무진한 새로운 공유경제 시장에 어렵지 않게 진입할 수 있다.

과過: 부정적인 면

공유경제의 대표 사례로 알려진 우버와 에어비앤비는, 창업 초기에는 소유 재산을 공유함으로써 자원 낭비를 방지하는 데에 목적을 두었지만 기존 법률과 규제를 벗어나 자신들의 수익을 극대화하는 방향으로 운영하고 있다는 비판도 나온다. 공급 측면 생산자의 입장에서 공유경제는 기존 시장이 감소하고, 고용의 질이 하락하게 된다. 우버를 통해 택시기사로 영업을 했는데 고용보험료와 차량 운영에 대한 지원은 전혀 없고 정규직이 아닌 비정규직으로 운전을 하여, 과도하게 비정규직 또는 계약직을 양산(긱경제Gig Economy : 임시직 경제, 현장에서 필요에 따라 사람을 구해 임시로 계약을 맺고 일을 맡기는 형태의 경제 방식)하는 부작용도 있다. 숙박공유서비스는 미국에서는 일반 가정집이 주를 이루지만, 한국에서는 일반주택인 경우 영업허가를 받지 않은 숙박시설이 되고 에어비앤비에 등록된 일부 숙박시설에서 몰래카메라가 발견되기도 한다.

경험경제經驗經濟*

국민소득 1만 달러 시대에는 등산을 하고, 2만 달러를 넘으면 골프를 치고, 3만 달러가 넘으면 승마를 하며, 4만 달러를 넘으면 요트를 탄다는 말이 있다. 3만 달러가 넘으면 사람들은 경험을 사는 데에 돈을 지출한다는 말도 있다. 경험(체험)경제Experience Economy는 소비자들이 단순히 상품이나 서비스를 사는 것이 아닌 상품의 고유한 특성에서 가치 있는 경험을 하는 것을 말하며, B. 조셉 파인 2세B. Joseph Pine II와 제임스 H. 길모어James H. Gilmore가 1998년에 펴낸 『경험경제The Experience Economy』에서 처음 소개되었다.

경험의 가장 기본 특성은 바로 '느낀다'는 점이다. 같은 경험을 제공한다고 하더라도 사람들은 제각기 다른 특별한 느낌을 경험을 하게 된다. 옷이나 핸드백 등의 상품을 구매하고 일정 시간 지나면 상품이 마모되기도 하고 싫증나기도 하는데, 경험은 기억에 오래 남고 훨씬 더 감동을 주니 공직자 여러분도 경험경제를 피부로 느끼면서 신나게 새로워져야 한다. 2017년 5월 31일 서울 강남 소재 스타필드 코엑스몰에 개관한 '별마당도서관'은 복합쇼핑몰이라는 상업 공간에 단순히 책을 읽는 공간을 넘어 휴식과 만남, 그리고 문화 콘텐츠를 체험할 수 있는 랜드마크이다. 책을 주제로 소통하는 문화 감성과 경험의 공간으로 누구나 무료로 이용할 수 있다.

---

* 김난도 외7, 『트렌드 코리아2018』, 미래의창(2017), p. 44~46, 203-216.

1 ___ 경험경제의 공과功過

SNS 기술의 발달, 소비의 고도화, 행복지향 소비 생활 등의 요인으로 상품을 구입하거나 서비스를 받기보다는 재미와 흥미가 주요 관심사인 경험경제로 진입하게 되었다. 명품을 소유하고 과시하는 소비의 원초성에서, '행복은 나를 위한 물건을 소유하고 획득하는 것보다도 다른 사람들과 어울리면서 함께 얻는 경험에서 나온다.'는 한 차원 높은 소비 생활인 소비의 고도화로 경험을 중시하게 되었다.

• 공功: 긍정적인 면

소셜네트워크서비스(SNS Social Network Service)와 디지털 사진기 기술이 발달하여 소유물뿐만 아니라 여행 경험, 미슐랭 별점(맛집 평가, 레스토랑 등급에 따라 별표 부여) 레스토랑에서 식사한 경험, 라이프 스타일 등도 SNS에 올려 자랑할 수 있는 대상이 되면서 경험경제가 확산 되었다. 그로서리(식재료Grocery)와 레스토랑(양식당Restaurant)을 결합한 신新 식문화 공간인 그로서란트Grocerant 매장에서 바로 조리해서 먹으면서 음식 문화를 체험할 수 있다.

• 과過: 부정적인 면

SNS는 지인들과 안부를 공유하고 맛집 등 정보 교환, 시공간의 제약이 없는 다양한 사람들과 소통이라는 장점이 있지만, 개인의 일상생활이 과도하게 노출되어 범죄의 표적이 되기도 하고, 사생활이 침해되기도 하며 상대적 박탈감도 느낄 수 있다. '카페인'은 대표적 소셜미디어서비스인 카카오스토리, 페이스북, 인스타그램의 앞 글자를 합한 합성어이다. '**카페인 우울증**'이란 '과다한 SNS 사용과 몰입으로 발생하는 우울증'으로, SNS를 통해 타인의 사생활을 들여다보는 것이 용이해지면서 다른 사람들의 SNS를 자주 확인하고 SNS에 꾸며진 타인의 화려하고 행복한 일상에 상대적 박탈감과 열등감을 느끼는 증상이다.

온디맨드경제On-Demand Economy

새로운 경제 패러다임인 온디맨드(주문형/맞춤형)경제를 소개하니 공직자 여러분도 온디맨드경제를 잘 이해하여 생산자보다 소비자가 중시되는 새로운 변화에 적응하면서, 공직을 잘 수행함과 동시에 공확행公確幸(공직자의 확실한 행복 이 책 p.192 참조)과 대확행大確幸(크고 확실한 꿈을 가지고 열심히 살아가는 행복)을 모두 다 누리기를 기원한다.

1 ___ 온디맨드

온디맨드On-Demand는 공급이 중심이 아니라 수요가 모든 것을 결정하는 시스템이나 전략 등을 총칭하는 말로, 모든 것이 수요Demand에 달려 있다On는 뜻이다. 2002년 10월 IBM 최고경영자CEO 샘 팔미사노Sam Palmisano가 IBM의 새로운 차세대 비즈니스 전략으로 '온디맨드'라는 개념을 사용하면서 널리 알려졌다. 온디맨드경제On-Demand Economy는 재화와 서비스가 모바일 및 온라인 네트워크를 통해 수요자가 원하는 형태(주문형/맞춤형)로 즉각 제공되는 경제를 말한다. 온디맨드경제는 오프라인Offline 시장을 모바일앱(온라인Online) 시장으로 연결하는 O2OOnline to

Offline서비스가 핵심이다.

2 ___ O2O^{Online to Offline}와 O4O^{Online for Offline}

'O2O'란 최근 전자상거래나 마케팅 분야에서 온라인^{Online}과 오프라인^{Offline}이 결합하는 현상을 의미하는 용어이다. 인터넷이 널리 보급되고 소비자들의 알뜰 구매가 보편화되면서 생긴 현상이다. 백화점 등 오프라인 매장에서 상품을 살펴본 후 같은 제품을 온라인에서 더 싸게 구입하는 '쇼루밍^{Showrooming}'이 대표적인 예다. 당연히 기존 유통업체들에겐 달갑지 않은 소비 행태다. 그래서 생겨난 것이 온라인이나 모바일에서 먼저 결제를 한 후 오프라인 매장에서 물건을 받도록 하는 'O4O'서비스다. O4O는 '오프라인을 위한^{for} 온라인'을 말한다. O2O의 2가 'to'를 의미하듯, O4O의 4는 'for'를 의미한다. 오프라인에서 다양한 실제 체험을 하게 한 후 즉석에서 온라인으로 물품을 주문하면 당일 배송을 받을 수 있는 시스템이다. 미국 소비시장에서 온라인 마케팅의 '절대강자' 아마존의 급부상에 큰 위협을 느낀 월마트와 코스트코, 노드스트롬 백화점 등 기존 오프라인 유통 강자들이 대응책으로 만들어 시행 중이며 국내에서도 최근 대형유통가나 서점 등에서 이런 시도가 늘고 있다(출처: 브릿지경제 2018.12.10.). '쇼루밍족^{Showrooming族}'은 사고자 하는 제품을 오프라인 매장에서는 구경만 하고 실제 구매는 온라인을 통해서 하는 사람들을 일컫는 말로, 최근 20~30대에서 나타나는 구매 형태이다.

3 ___ O2O^{Online to Offline}서비스가 생겨난 배경:
    합리적 소비, 도시화, 환경문제

O2O서비스는 소비자들의 소비 방식이 바뀌면서 생겨난 혁신이다. 2008년 경제 위기 이후 글로벌 경제의 저성장이 고착화되고 인공지능, 스마트공장, 로봇 자동화 등으로 일자리가 줄어들면서 소비자들의 소득이 감소했다. 또한 구매력 저하와 예측할 수 없는 미래 경제의 불확실성으로 많은 소비자들이 명품을 구매하여 과시하려는 소비에서 벗어나 합리적 소비를 선택하게 되었다. '도시의 공기는 인간을 자유롭게 한다.'라는 말처럼 도시의 자유를 추구하고자 시골인구가 도시로 몰려들고 바쁘게 살다 보니(도시화), 서로 대화와 정보 교환이 필요하게 되었다. 도시화가 촉진되고 정보통신기술이 발전하면서 사람들 사이에 다양한 커뮤니티가 발달되고 온라인과 오프라인의 융합이 더욱 광범위하게 가속화되었다. 미세먼지, 대기오염, 지구온난화 등과 같은 환경문제가 인류의 생존을 위협한다. 이런 상황에서 지속가능한 지구를 만들기 위해서는 자원을 효율적으로 사용하여 환경문제를 풀어야 한다. O2O는 공유 또는 대여를 통해 불필요한 자원 낭비를 최소화할 수 있는 친환경시스템이다.

O2O를 광의로 보면, 온라인 기술이 오프라인 세상에 적용되어 일어나는 모든 현상이다. 온라인 기술이 가정에 적용되면 스마트홈이고, 공장에 사용되면 스마트팩토리이고, 도시에 응용되면 스마트시티가 된다.

4 ___ 온디맨드경제의 공과功過

인터넷과 스마트폰 기술의 발달로 소비자가 시간과 공간을 초월하여 언제 어디서나 상품이나 서비스를 온라인(스마트폰이나 인터넷)으로 주문 또는 예약하고, 필요할 때 어디에서나 오프라인으로 받을 수 있는 환경(예: 아마존닷컴에서 온라인으로 주문하고 상품은 아마존 북스토어 또는 집에서 받음)이 조성되었다. 미국에서는 우버Uber, 에어비앤비Airbnb와 같은 공유경제서비스가 O2O서비스에 기반하여 온디맨드경제의 문을 열었다면, 국내에서는 음식배달앱을 시작으로 부동산, 맛집, 택시, 청소 등 오프라인 전 업종으로 O2O서비스 기반의 온디맨드경제가 활성화되고 있지만 불평등을 악화시킬 수도 있다.

공功: 긍정적인 면

O2O서비스가 관심을 받는 주된 이유는, 스마트폰으로 주문과 결제를 동시에 할 수 있는 편리함과 사용자들의 평가와 후기를 실시간으로 파악하고 자세한 내용도 알 수 있는 소셜네트워크서비스 기능이 있기 때문이다. 소비자들은 온디맨드경제를 활용해서 양뿐 아니라 질 좋은 서비스를 경제적이고 편리하게 실시간으로 이용할 수 있다.

과過: 부정적인 면

온디맨드경제에서 일하는 노동자 대부분은 필요할 때에만 임시직으로 고용되므로, 기업이 부담하던 노동자의 연금 혹은 건강보험 등 후생복지는 온디맨드경제에서는 노동자가 스스로 책임져야 한다. 온디맨드경제의 부상은 양극화 등 사회 불평등을 악화시키고, 일반 노동자들은 일자리를 빼앗길 수 있으므로 공직자 여러분은 양극화와 불평등 완화에 관심을 가져야 한다.

구독경제|購讀經濟

구독경제Subscription Economy는 매달 일정한 금액을 지불하고 필요한 물건이나 서비스를 이용하는 경제활동이다. 구독경제는 소유도 공유도 아닌 구독을 중요시하는 새로운 소비 트렌드이다. 소비자가 회원으로 가입하거나 구독을 하면 정기적으로 원하는 제품을 받거나 원하는 서비스를 언제든지 이용할 수 있는 신개념 경제모델이다.

1 ___ 구독경제 모델

구독경제는 무제한 스트리밍 영상을 제공하는 넷플릭스의 성공 이후 다른 분야로 확산되고 있으며 이용 방법에 따라 무제한 이용, 정기 배송, 정수기 모델로 구분된다.

❶ 무제한 이용 모델

넷플릭스 모델이라고도 불리는 무제한 이용 구독경제 모델은, 월 구독료를 납부하면 무제한 또는 정해진 횟수만큼 상품이나 서비스를 이용하는 방식이다. 가장 대표적인 서비스 업체로는 넷플릭스와 지니, 멜론 같은 음원서비스 사이트이며 최근에는 클라우드 기반 게임 스트리밍, 무한리필 고깃집, 카페, 술집 등으로 확산되고 있다.

❷ 정기 배송 모델

월 구독료를 정기적으로 납부하면 필요한 상품을 정기적으로 배달을 받아 사용하는 방식으로, 대표적인 정기 배송 모델 상품에는 신문, 칫솔, 영양제, 애견 간식 등 생활필수품이 있다.

❸ 정수기(고가품 렌탈) 모델

고가 제품을 구매하기가 곤란한 소비자를 위한 구독경제 모델로, 월 구독료를 내고 마음에 드는 고가 제품을 골라가며 다양하게 제품을 바꿀 수 있는 서비스이다. 주요 상품으로는 자동차, 정수기, 명품가방과 의류 등이 있다.

:: 구독경제 이용 모델 ::

모 델	무제한 이용 모델	정기 배송 모델	정수기 모델(고가품 렌탈)
주요 상품	술, 커피, 영화관람, 병원, 헬스클럽, 동영상, 음원, 클라우드 기반 게임 스트리밍 등	신문, 면도날, 칫솔, 영양제, 애견 간식, 란제리, 위생용품 등	자동차, 명품 옷, 가구, 매장 등 고가 제품
이용 방식	월 구독료 납부, 매월 무제한 이용	월 구독료 납부, 집에서 정기적으로 배달 받아 사용	월 구독료 납부, 품목별 교환 이용

2 ___ 구독경제의 특징

구독경제는 제한된 자원과 비용으로 최대한 만족을 얻기 위한 경제활동의 일환이다. 소비자 입장에서는 전문 지식을 갖춘 구매 담당자가 소비자를 대신하여 양질의 제품을 보내주기 때문에, 상품을 고르기 위해 쓰는 시간을 절약할 수 있다. 공급자 입장에서도 자사의 상품홍보 효과를 얻을 수 있고 사용자의 요구를 더 쉽게 파악할 수 있지만, 구독경제 서비스를 제공하는 기업은 고객의 이탈에 매우 민감하다. 고객은 여러 가지 다양한 이유로 구독을 시작하기도 하고 취소하기도 한다. 매달 일정 금액을 내는 것이 부담스러워서 구독을 중단하기도 하고, 더 좋은 유사 서비스가 나오면 별다른 고민 없이 즉시 옮겨간다. 그러므로 대기업도 시장을 정확하게 파악한 중소기업들의 도전을 받는다. 고객의 가치관과 니즈Needs와 원츠Wants에 더 가깝게, 더 깊이 다가가고 잘 조화하는 기업이 고객을 확보하게 되므로 스타트업(신생 벤처기업)이 새롭게 진입하는 데 유리하다.

무인경제(키오스크)

'무인경제無人經濟'는 무인無人과 경제經濟의 합성어로, 인간의 노동력을 대체하는 인공지능AI, 사물인터넷IoT, 로봇 등 무인이 제조나 유통, 서비스 등을 통해 경제활동을 하는 것을 말하며 '무인화無人化, 무인시대無人時代, 키오스크'라고도 한다. 코인 노래방, 무인 빨래방, 셀프주유소, 스마트택배 등 일상생활에서는 물론 운수업계(자율주행), 스마트팩토리, 무인경비업체, 금융업계 등에서도 무인화가 활발하게 진행되고 있다. 무인화를 통해 기업이나 업주는 인건비를 절약하고 효율성을 제고하며,

소비자는 비대면 서비스를 통해 기다리는 불편함을 덜 수 있어서 무인화로 인해 일자리 감소에 대한 우려는 있지만 업체의 생존과 트렌드 변화에 대응하기 위해서는 앞으로 더욱 확산될 것 같다.

분야별 무인경제 현황

분야	내용
생산 · 제조	폭스콘, 중국 청두와 충칭의 올인원 PC공장 등 10곳 완전 자동화
	삼성전자, 무풍 에어컨 광주공장 자동화율 70%
	한화테크윈, 창원2사업장 일부 공정 24시간 무인 운영
	한국항공우주산업(KAI), 사천 공장 항공기 부품 생산 자동화율 87%
교통 · 운송 · 물류	신분당선, 1359만㎞, 256만 시간, 64만 회 무사고 · 무재해 운행중
	BCG "2025년 전체 자동차 중 자율주행차 비율 13%, 2035년 25%"
	해운업계, "연안 선박은 2020년대 초중반, 원양 선박 2030년 무인 운항"
	항공업계, 보잉사가 미국 로봇항공기 개발사 오로라 플라이트 사이언스 인수
유통 · 외식	롯데리아, 맥도날드, 버거킹 각각 600개, 190개, 107개 무인주문대 운영
	도미노피자, 총 주문건수의 90% 홈페이지나 앱으로 접수
	배달의민족, 바로주문 · 결제 비율 60% 돌파… 배민키친 3호점 준비중
	세븐일레븐, 무인 편의점 시그니처 오픈
	이니스프리, 무인 화장품 자판기 '미나숍' 2호점 출점

출처: 스마트공장부터 무인여객기까지… 영역확대 폭풍성장하는 '무인경제' 『매일경제』 2018.4.4.

1 ___ 키오스크 Kiosk

키오스크는 '신문, 음료 등을 파는 매점'을 뜻하는 영어단어로, 사람들이 쉽게 이용할 수 있도록 다양한 장소에 설치한 무인단말기 또는 무인결제기기를 말한다. 키오스크는 공공장소(행정기관, 공항, 철도역 등)의 각종 행정절차나 시설물 이용방법, 대형서점이나 백화점의 상품정보, 전

시장의 활용방법, 인근지역에 대한 관광정보 등 각종 서비스를 제공하거나 직접 발권 또는 주문결제를 한다. 화면에 접촉하는 터치스크린Touch Screen 방식을 채택하여 손쉽게 사용할 수 있다. 직접 안내하거나 판매원을 두지 않아도 되기 때문에 인건비 절감 효과가 크다. 언택트Untact(비대면) 방식을 선호하는 신세대의 소비성향, 대기시간 감소, 1인 가구 증가, 신기술을 체험하려는 경험적 소비자 증가 등으로 키오스크 시장이 활성화되고 있다. 키오스크는 패스트푸드점, 영화관, 편의점, 로봇식당, 주유소, 고속도로 휴게소, 커피숍, 지하철역 그리고 공공장소까지 분야와 영역을 가리지 않고 확산된다.

2 ___ 무인매장 사례

패스트푸드점, 영화관, 편의점, 레스토랑, 셀프주유소 등에서 키오스크가 늘어나고 있으나 여기서는 세계 최초의 무인매장과 청바지 무인매장을 소개한다.

❶ **아마존 고**Amazon Go: **최초 무인매장**

미국 시애틀 아마존 본사에 있는 '아마존 고'는 미국 최대 전자상거래 기업 아마존이 운영하는 세계 최초의 무인매장이다. 2016년 12월 문을 열고 직원들을 대상으로 시험 운행하다가 2018년 1월 22일(현지시간)부터 일반인에게 개방됐다. '아마존 고'는 인공지능AI, 디지털 카메라와 블랙박스 센서, 컴퓨터 비전(컴퓨터가 사람의 눈 같이 이미지를 인식하는 기술) 등 첨단 기술이 활용됐다. 아마존 회원 가입을 하고 스마트폰앱을 다운로드하면 물건을 살 수 있다. '아마존 고'는 관광명소가 되어 물건을 골라 계산할 때는 줄을 서지 않고 그냥 나오기만 하면 결제가 자동으로 처리되지만, 들어갈 때에 오히려 줄을 서서 기다려야 한다는 우스운 이야기가 있다.

❷ 청바지 브랜드 LAB101(랩원오원) 무인매장

랩원오원은 청바지 브랜드 '잠뱅이Jambangee'를 운영하는 ㈜제이앤드제이글로벌의 브랜드다. 2018년 10월 국내 의류 매장 최초로 24시간 무인매장인 홍대점(서울 마포구 서교동 소재)을 열었다. 매체에 따르면 "언택트(비접촉) 쇼핑을 선호하는 10~20세대 소비자가 주된 고객이고 반응이 좋다. 무인매장에는 하루 평균 100명 이상이 찾아오고, 주말엔 200명이 넘게 방문한다. 새벽 시간대(00:00~04:00) 방문객도 증가하고 있다."고 한다.

3 ___ 무인경제의 문제점과 해결책

무인경제가 활성화 될수록 일자리가 줄어들어 일자리를 창출해야 하고, 장애인과 노인세대 등 키오스크에 익숙하지 못한 사람들을 배려해야 한다.

❶ 일자리 창출 및 제도 개선

무인경제가 확산되면 기기가 인간의 노동력을 대체하여 일자리는 줄어든다. 경제가 어려워 고용이 줄어드는 상황에 무인화까지 가속화된다면 취업난은 더욱 심해진다. 무인화 기술을 활용한 스타트업(신생 밴처기업)의 창업을 활성화하고, 노사 상생의 '광주형 일자리' 모델을 확산하며 해외공장을 국내로 귀환하도록 유도하여야 한다. 기업은 새로운 생산방식을 종업원들에게 훈련시키고, 정부는 새로운 환경에 맞추어 취업 및 노동 관련 제도를 개선해야 한다.

❷ 장애인과 노인을 위한 배려

시각장애인은 무인결제기기가 어디 있는지 모르고, 키오스크 앞에 섰지만 터치스크린으로만 되어 있어 메뉴를 알 수 없다. 장애인이 휠체어를 타고 오면 무인결제기기 키패드가 손에 닿지 않아, 기술 발전이 소외 요소로 작용한다. 기기에 낯선 노인세대도 마찬가지이다. 노인세대가 디지털격차로 인하여 기기 때문에 소외감을 느끼고 키오스크를 이용하는 것을 무척 어려워한다. 노년층과 장애인이 키오스크에 적응할 수 있도록 배려와 안내, 학습이 필요하고 한 명 정도를 키오스크 앞에 배치해 기기 사용법을 안내하도록 하는 등 아날로그 방식을 공존시키는 것도 해결책이다.

제2부

사공四公

신나게 사칙을 잘하는 공직자

우하雨荷

저초팔백곡貯椒八百斛 천재소기우千載笑其愚
여하벽옥두如何碧玉斗 경일량명주竟日量明珠

● 후추를 팔백 곡斛이나 쌓아 놓았으니, 천 년 두고 그 어리석음을 비웃으
리라. 어찌하여 푸른 옥으로 됫박을 만들어, 하루 종일 맑은 구슬을 담고
또 담는가?

───── 당나라 대종代宗 때 재상 원재元載가 죽은 뒤, 그의 창고를 뒤져보
니 후추(당시 수입품, 일부 특권계층만 사용)가 800곡이나 나왔다. 작가 최
해崔瀣(1287~1340, 고려 후기 문인)는 흉년이 들어 매점매석 등으로 후추
(椒 후추나무 초)를 많이 쌓아 놓는 것은 어리석은 일이라고 비웃는다. 벽옥두
는 연잎에 모인 물방울이 구슬이 되어 떨어지는 모습을 형용한 것으로, 원재
의 탐욕과 비교하면서 청렴하지 못한 행위라고 꾸짖는다. 반면 비 내리는 날
의 연꽃은 얼마나 깨끗하고 아름다운가? 「우하(빗속의 연꽃)」는 공직자의 탐
욕과 부정부패를 경계하고 청렴을 강조하는 한시.

● 사진: 연꽃 / 출처: 두산백과 doopedia.co.kr

제3장

공직자의 가감승제를 실천하여
핵심역량강화

공직 / 국민 / 한국 / 세계 / 평화

청렴, 적폐청산과 부패방지는 "나(공직자)작지"부터!

국어사전에 청렴은 "성품과 행실이 높고 맑으며, 탐욕이 없음"이라고 정의하고 있고, 청렴은 공직자의 주요 덕목 중 가장 중요하다. 그러므로 공직에 근무하고 있는 공직자나 앞으로 공직을 희망하는 분들은 청렴을 생활화해야 한다. 같은 사전에 적폐는 "오랫동안 쌓이고 쌓인 폐단", 청산은 "과거의 부정적 요소를 깨끗이 씻어 버림", 답습은 "예로부터 해 오던 방식이나 수법을 좇아 그대로 행함"이라고 각각 정의하고 있다. 폐단이란 "어떤 일이나 행동에서 나타나는 옳지 못한 경향이나 해로운 현상"이라고 하는데, 과거의 나쁜 관행, 습관 등을 폐단으로 정의할 수 있다. 그러므로 적폐청산이란 과거에 쌓이고 쌓인 나쁜 관행, 습관 등을 없애

버리는 것이고, 적폐답습이란 그것을 좇아 그대로 행하는 것이다.

사전에 부정부패不正腐敗는 "사회 구성원이 권한과 영향력을 부당하게 사용하여 사회질서에 반하는 사적 이익을 취하는 것"을 말하며 '부패'라고 줄여서 말하기도 하고, 방지는 "어떤 일이나 현상이 일어나지 못하게 막음"이라고 정의하고 있다. 부패는 우리 사회를 앞으로 나가지 못하게 하고 구성원들 사이에 갈등과 위화감을 조성하는 암적 요인이기 때문에 반드시 방지해야 한다.

청렴을 생활화하고 적폐를 청산하며 부패를 방지하여 훌륭하고 아름다운 관행을 만들어 우리나라를 선진국 대열에 올려놓기 위해서는 재판청탁, 사법농단, 독방거래, 댓글 조작, 공사채용 비리, 침묵의 카르텔, 버닝썬 경찰유착 등 각종 적폐청산과 부패방지 그리고 청렴실천은 "나(공직자)작지"부터! 즉, 공직자인 나부터 작은 것에서부터 지금부터 시작해야 하므로, 이신작칙, 솔선수범, 천리지행 시어족하, 석시여금 등의 사자성어를 소개한다. 여기서 '나작지'란, '너나 상대방(시민, 야당, 기업)이 아닌 나(공직자, 여당, 정부)부터, 큰 것이 아닌 작은 것부터, 나중이나 내일이 아닌 바로 지금부터'라는 말에서 앞 글자를 모은 것이다.

1 ___ 나(공직자)부터

우리나라에서는 흔히들 남보다 앞장서서 지킴으로써 모범을 세운다는 솔선수범을 리더의 최고 덕목으로 꼽는다. '기신정불령이행 기신부정수령부종其身正不令而行　其身不正雖令不從*(정치하는 사람 자신이 올바르면 명령을 내리지 않아도 저절로 시행되고, 자신이 올바르지 않으면 명령을 내려도 시행되지 않는다.)'에서 유래하는 이신작칙以身作則은, 본인이 남보다 먼저 몸소 실천하여 모범을 보임으로써 일반 대중이 지켜야 할 법칙이나 준례를 만든다는 말로 우리가 잘 알고 있는 솔선수범과 유사한 뜻이다. 다시 말하면, 정치인 및 여당과 야당, 대기업, 우리 사회 지도층 등 높은 자리에 있는 사람들이나 갑의 위치에 있는 기업과 단체, 공직자들이 말로만이 아니라 먼저 모범을 보이며 실천하여 우리 국민들도 법과 규칙을 잘 지켜, 믿을 수 있는 사회와 신뢰가 넘치는 국가를 만들어 나아가야 하겠다.

2 ___ 작은 것부터

『도덕경』에 나오는 '천리지행千里之行　시어족하始於足下'는 모든 일에는 시작이 중요하며, 작은 일이 쌓여서 큰 성과를 이루게 됨을 비유하는 말이다. 우리나라의 '천리 길도 한 걸음부터'라는 속담도 여기서 유래되었다. 청렴을 실천하고 적폐를 청산하며 부패를 방지하는 일도 큰 것부터 시작하여 실패하거나 좌초하지 말고 작은 것부터 시작하여야 저항이나 반발 없이 좋은 성과를 거두게 된다.

---

* 한자 '不(아니 부/불)'은 뒤에 'ㄷ, ㅈ' 음이 올 때에는 '부'로 쓴다. 예를 들면 부당(不當), 부동산(不動産), 부재중(不在中), 부정(不正), 부정(不定) 등이다.

3 ___ 지금부터

"Time is gold. 시간은 금이다."를 사자성어로 말하면 '석시여금惜時如金'이다. 이 말은 시간을 금처럼 아끼라는 뜻으로, '지금 바로 이 시간'을 중요시하라는 말이다. 영어 단어 'PRESENT'는 명사, 동사, 형용사로 쓰이는데 명사일 경우 '지금'과 '선물'이라는 두 가지 뜻이 있다. 이것은 '지금 바로 이 시간은 하늘이 준 선물'이라는 의미로 지금이 중요하다는 말이다. 즉, 할 일이 있으면 내일이나 나중이 아니라 지금부터 하라는 뜻이다. 공직자 여러분! 지금부터 하십시오. 할 일이 생각나거든 지금부터 하십시오. 오늘 하지 아니하고 내일이 있다고 말하지 마십시오. 오늘 하늘은 맑지만 내일은 비나 눈이 올지도 모르는 일이다.

『명심보감』에 나오는 '세불아연歲不我延'은 '세월은 나를 위해 기다려주지 않는다.'라는 뜻이다. 시간은 항상 오늘이며 배움은 지금 이루어지는 것이므로 지금부터라도 배움에 신경을 쓰라는 말이다. 오늘 나타나는 모습은 과거의 결과이고, 오늘의 배움은 미래의 결과이다. 이 말은 연장하려고 해도 연장할 수 없는 것이 시간이므로 흐르는 시간을 아쉬워하지 말고, 오늘 최선을 다하라는 뜻을 담고 있다. 그러므로 지금이라도 새로운 것을 찾아 배우면서 업무역량을 강화하는 한편, 지금부터 당장 청렴을 실천하고 적폐를 청산하며 부패를 방지하여 신나는 신뢰 국가를 만들어 나가야 한다.

천지지지지아지자지

덮어질 것 같고 잊어 질 것 같았던 미투, 공사채용 비리, 댓글 조작, 갑질 행위, 버닝썬 경찰유착 등 각종 비리가 알려져 메스컴에서 보도되고 관련자들이 구속되는 사례를 보면서, 진실은 하늘이 알고 땅이 알고 당사자인 내가 알고 그대가 안다는 4지四知인 '천지지지지아지자지'와 '지초북행'이란 성어가 생각난다.

1 ___ 4지四知: 천지지지지아지자지天知地知我知子知

『후한서』에 나오는 천지지지지아지자지는 하늘이 알고(천지), 땅(신)이 알고(지지 또는 신지神知), 내가 알고(아지), 너(그대)가 안다(자지 또는 여지汝知)는 즉, 세상 사람 모두가 다 안다는 뜻이다. 이는 세상에는 비밀이 없음을 비유하는 말이며 공직자의 계명戒名으로 전해져 오고 있다. 따라서 공직자와 공직업무를 희망하는 분들은, 여러분이 하는 일은 모두 다 하늘이 알고, 땅이 알고, 여러분도 알고, 상대방도 알고 있다는 사실을 명심하면서 공정하게 업무를 처리해야 한다.

양진楊震(AD 54~124)의 고사를 요약하면, 공자는 관동 지역 사람이고 양진은 관서關西 사람으로 당대 사람들은 경전에 밝고 청렴결백한 양진을 공자에 견주어 '관서의 공자'라고 불렀다. 그는 나이 50세가 넘어서 주변의 강력한 권유에 못 이겨 비로소 무재茂才(뛰어난 재수)로 천거되어 형주자사荊州刺史와 동래태수東萊太守 등을 지냈다. 양진이 형주자사로 있을 때, 왕밀王密의 학식을 높이 사서 그를 발탁하였다. 양진이 동래태수로 임명되어 동래로 가는 도중에 창읍昌邑에서 묵게 되었다. 저녁 늦게 창읍의 현령인 왕밀이 찾아왔다. 두 사람이 지나온 이야기를 한참 하다가 왕밀은 소매 속에서 황금 열 근을 꺼내어 내밀었다. 양진은 깜짝 놀랐지만, 이내 부드러우면서도 단호하게 거절하였다. "나는 옛 지인으로서 자네의 학식과 인물을 기억하네. 그런데 자네는 나를 잊은 것 같네." "아닙니다. 이건 뇌물이 아니라 지난날의 은혜에 보답하려는 것뿐입니다." "자네가 승진하여 나라를 위하여 최선을 다하는 것이 나에 대한 보답이네." "지금은 밤중이고, 방 안에는 태수님과 저뿐입니다." "하늘이 알고, 땅이 알고, 자네가 알고, 내가 알지 않는가!" 왕밀은 부끄러워하며 물러갔다.

2 ___ 목적과 행동의 상반

『전국책』에 나오는 지초북행至楚北行은 남쪽에 있는 초楚나라로 간다고 하면서 실제로는 북쪽으로 간다는 뜻으로, 목적(진실)과 행동(덮으려는 행동)이 서로 상반되어 가면 갈수록 더 멀어지는 것을 이르는 말이다. 즉, '호미로 막을 것을 가래로 막는다.'라는 속담처럼, 비리를 덮으려면 덮을수록 더 커지거나 막을 수가 없게 된다. 지초북행의 고사를 간략하게 소개하면, 한 사람이 수레를 북쪽으로 몰면서 남쪽 초나라로 간다고 하였다. 옆에 있는 사람이 초나라는 반대쪽이라고 말해도 그 사람은 '내 말(馬 말 마)은 아주 잘 달리고, 여비도 넉넉히 가지고 있고, 마부가 마차를 모는 기술도 매우 훌륭하다.'라고 말하면서 계속 북쪽으로 갔다. 내가 가지고 있는 여러 조건이 아무리 좋더라도 방향이 다르면 목적지와 점점 멀어지게 된다. 공직자 여러분도 남쪽으로 가야 하는데 정반대 방향인 북쪽으로 가고 있지는 않은지 한 번 돌아봐야 한다.

공직자 업그레이드Upgrade: 5업Up(개선)

업그레이드는 사용하고 있는 제품의 기능이나, 컴퓨터의 하드웨어HW 또는 소프트웨어SW의 성능을 기존 제품보다 뛰어난 것으로 개선하는 것이다. 다시 말하면 소프트웨어에 새로운 기능을 추가하고 하드웨어의 처리속도와 하드용량 등을 증가하거나 확대하듯이 공직자들도 당연히 자기를 새롭게 업그레이드해야 한다. 공직에 근무하면서 역량을 강화해야 할 공직자의 '5업(심모언행전 Up)'을 소개하니 공직자들은 이를 잘 체득하여 신나게 근무하기를 기대한다.

1 ___ 심心 Up: Mind(or Heart) up 마음개선

인간은 나이가 많아지면서 마음과 정신이 연약해지고 고집스럽게 된다. 그러므로 공직자들은 열정을 가지고(Passion up) 즐겁고 기분 좋게 일하되, 지나친 것은 미치지 못한 것과 같으므로(과유불급過猶不及) 고집, 집착, 과욕, 편견, 선입견, 고정관념 등을 버려야 한다(Give up). 인생의 모든 것은 오로지 마음에 있으며(일체유심조一切唯心造), 구약성경 잠언 4장 23절에는 "모든 지킬 만한 것 중에 더욱 네 마음을 지키라 생명의 근원이 이에서 남이니라"는 말씀도 있다. 그러므로 모든 공직자들은 마음을 잘 지켜(수심守心, Mind up) 신나고 행복하게 근무하여야 한다.

2 _____ 모貌 Up: Face up 용모단정

공직자들은 몸을 깨끗이 하고(Clean up) 옷을 깨끗하고 단정하게 입고(Dress up) 얼굴을 잘 가꾸어(Make up) 용모를 단정하게 하고(Face up) 친절해야, 주변 사람들에게 무시당하지 않고 인정과 존경받으며 잘 살아간다는 평판을 얻게 된다.

3 _____ 언言 Up: Speech up 말개선

'손여지언異與之言'은 『논어』에 나오는 말로, "남의 마음을 거스르지 않는 온화한 말"이라는 뜻이다. 귀에 거슬리지 않도록 공손하고 완곡한 말로 사람을 깨우친다는 의미이다. 또 화종구출禍從口出은 진晋나라 사상가 부현傅玄의 『구명口銘』에서 유래하는데, 불행과 재앙은 입으로부터 나온다는 말이다. 그러므로 공직자들은 입으로는 적게 말하고 귀로는 많이 들으며(Speech up) 칭찬은 고래도 춤추게 한다는 포령경무褒令鯨舞처럼 감사, 칭찬, 격려 등 긍정적 단어를 많이 말하고(Cheer up) 꾸짖는 말, 비난, 불평 등 부정적 단어는 될 수 있으면 사용하지 말아야 한다(Shut up). 구약성경 잠언 12장 18절에는 "칼로 찌름 같이 함부로 말하는 자가 있거니와 지혜로운 자의 혀는 양약과 같으니라"라는 말씀도 있다.

4 _____ 행行 Up: Action(or Behavior) up 행동개선

'호한부제당년용好漢不提當年勇'은 '사람은 과거에 자기가 얼마나 용감했는지를 말하지 않는다.'는 뜻으로, 과거의 행동이 아니라 현재와 미래의 행동을 중시하라는 말이다. 요즘은 홍보(PR) 시대라고 하여 젊었을 때는 자기를 알리기 위해 자기 자랑을 많이 하지만, 나이가 들어 자기 자랑을

자주 하면 주위와 멀어지고, 새로운 변화를 잘 받아들이지 못하게 된다. 그러므로 공직자들은 근무할 때는 친절하고 겸손한 자세로 근무하여야 하고, 인생 후반기에 해당하는 퇴직 후의 삶은 과거 공직의 지위나 자리와 연관을 지어서는 안 된다. 과거를 잘 정리하고 현재와 미래를 향한 행동으로 개선하여야(Action up) 신나게 행복한 여생이 보장된다.

5 ___ 전錢 Up: Pay up 쩐개선

'욕취선여欲取先予'는 '상대로부터 원하는 것을 얻으려면 내가 먼저 주어야 한다(Give and Take).'는 뜻이고, '앙천부지仰天俯地'는 '하늘을 우러러보고 땅을 굽어봐도 마음에 부끄러움이 없다.'는 뜻이다. 돈을 받거나 너무 쩨쩨하거나 천박하게 살아가면 주위와 멀어지고 손가락질을 받게 되어 불행하게 된다. 그러므로 공직자는 친절과 봉사하는 마음으로 근무를 하면서 기분 좋게 먼저 지불하고(Pay up) 하늘을 우러러 부끄럼이 없는 삶을 살도록 힘써야 한다.

무인부달

사람들이 어떤 상황 속에서 '참느냐, 참지 못하느냐'에 따라 행복과 불행이 결정되는 경우가 많다. 요즘 들어 순간의 화火를 참지 못해 말로 다투고, 다투고 나서 더 크게 싸우고, 크게 싸우고 나서 자살 또는 동반자살, 방화하는 상황이 잇따르고 있어 정말 안타깝다. 순간의 분노를 참지 못해 많은 인생이 불행해지고 있다. 사실 참는 것은 참지 않는 것보

다 훨씬 강한 힘이 필요한 어려운 일인지도 모른다. 인분면우, 무인부달, 무인불승 등의 성어를 소개하니, 참을 인忍을 마음에 새겨두면서 업무를 처리하면 우리 모두가 서로 참게 되어 화목하고 행복한 국가를 만들 수 있을 것이다.

1 ___ 참기: 분노 내려놓기

『명심보감』에 나오는 '인일시지분 면백일지우忍一時之忿 免百日之憂'를 줄여서 '인분면우忍忿免憂'라고 하는데, 이 말은 '순간의 분함을 참으면 백일의 근심을 면한다.'는 뜻이다. '인내는 쓰다. 그러나 그 열매는 달다.'라는 말도 있듯이, 세상에서 일어나는 대부분의 재앙은 참을성이 부족한 것에서 비롯된다. 많은 사람들이 참지 못해 화를 냈다가 평정심을 되찾은 후에 화낸 것을 후회하지만, 그때는 이미 돌이킬 수 없을 때가 많다. 한자 참을 '인忍'을 분석해 보면, 칼날 '인刃'자 밑에 마음 심心이 있다. 이는 칼이 마음에 닿는 것과 같은 고통이 있더라도 즉, 죽음이 눈앞에 다가오더라도 '화도 싸움도 욕도, 감정을 상하게 하는 나쁜 것'도 모두 다 참으라는 뜻을 담고 있다. 아울러 '참는 자에게 복이 있다. 참을 인 자 셋이면 살인도 피한다.'라는 말도 있다.

2 ___ 성공, 승리, 행복의 길

'무인부달無忍不達'은 인내하지 않으면 목적을 달성할 수 없다는 말이고, '무인불승無忍不勝'은 참지 못하면 이기지 못한다는 말이다. 대개 성공하는 사람들은, 남다른 재주나 특별한 능력이 있어서라기보다는 보통 사람들한테서는 찾아볼 수 없는 강인한 인내력이 있다. 다시 말하면, 참는 사람은 성공하고, 인내하는 사람은 승리하고, 참고 인내하는 사람은 행복하다. 또한 신약성경 야고보서 1장 4절에는 "인내를 온전히 이루라 이는 너희로 온전하고 구비하여 조금도 부족함이 없게 하려 함이라"는 말씀이 있다.

3 ___ 인인인인인人忍引困仁

일부 공직자는 말을 참지 못하고 함부로 막말을 하여 국민들에게 상처를 주고 공직자 자신도 징계를 받거나 곤욕을 치르기도 한다. 인인인인인人忍引困仁이란 사람(人)이 참으면(忍) 다른 사람을 이끌고(引) 그로 말미암아(困) 다른 사람이 어질게(仁) 된다는 말이니, 공직자 여러분은 참고 참아서 다른 사람들을 어질게 이끌고, 국민들도 어질게 이끌어 신뢰 국가를 만드는 보람된 일에 앞장서야 한다.

인생5사운동: 행복학위 순서

(학사, 석사, 박사 ⇨ 밥사 ⇨ 술사 ⇨ 감사 ⇨ 봉사 ⇨ 인사 ⇨ 희사 ⇨ 사랑)

'인생5사운동'은 공직자와 국민, 사회를 따뜻하고 행복하게 만들자는 운동으로, 생활에 필요한 '감사, 봉사, 인사, 희사, 사랑' 등 5가지 '사'를 실천하자는 운동이다. 이 운동의 '사'자는 한글은 같지만 한자는 각각 다르고, 사랑은 '사'자가 앞에 있어 사랑이 가장 높은 행복학위(생활 속에서 웃음과 행복을 가져다주는 정도, 저자 고안)이다. 이런 인생5사운동(저자 고안)을 공직자가 앞장서서 실천하고 우리 사회에 널리 퍼뜨린다면 우리 국민

뿐만 아니라 국가도 신나게 된다.

1 ___ 감사感謝와 봉사奉仕

우스갯소리로 학사, 석사, 박사보다 더 높은 학위를 '밥사'라고 한다. 험난한 세상에서 내가 먼저 따뜻한 밥(식사) 한 끼를 사는 마음이 석사와 박사보다 더 고귀하고 크다. '밥사'보다 더 높은 것은 '술사(밥을 사는 것보다 술을 사는 비용이 큼)'이다. 친구가 힘들어하거나 도움을 필요로 할 때 맥주 한 잔을 하거나 소주 한 잔 하면서 이야기를 나눌 수 있게 알맞게 사는 '술'이라는 뜻이다. 술사보다 더 높은 것은 '감사'이다. 항상 모든 것에 감사하는 마음은 박사, 밥사, 술사보다 더 높다. 그럼 감사보다 더 높은 것은 무엇일까? 그건 바로 '봉사'이다. 도움이 필요한 곳이나 어려운 사람들을 위해서 일을 하거나 재능을 나누면서 봉사하시는 분들이 많이 계셔서 우리 사회가 따뜻하고 행복해지는 것 같다.

2 ___ 인사人事

인사는 안부를 묻거나 공경, 친애, 우정의 뜻을 표시하는 예의로, 아랫사람이 윗사람에게만 하는 것이 아니라 상호간에 먼저 본 사람이 해야 한다. 인사는 말이나 행동과 표정 등 다양한 방법을 통하여 나타나므로, 인사는 감사와 봉사보다도 범위가 넓다. 친절하게 인사를 하면 사람들 사이에 소통이 잘 이루어지고 친근감도 행복감도 생긴다. 그러나 요즘 인사가 메말라 이웃 사이는 물론, 떨어져 사는 부모와 자식, 형제 사이에도 안부인사가 줄어든다. 그렇다 보니 이웃 간에 싸움도 일어나고, 가족 간에 불화도 늘어나 행복과 점점 멀어진다. 그래서 인사하기 등 '인생5사 운동'이 매우 절실하다.

3 ___ 희사喜捨

인간 사회는 서로 베풀고 혜택을 주고받으며 사는 것으로, 좁게는 부모 자식 등 가족끼리 넓게는 이웃이나 국가 간에 서로 주고받으며 공생 공존한다. 중국어로 '乐(樂)于助人(낙우조인)'은 즐겁게 사람을 돕는다는 뜻이고, 한자어 희사喜捨는 아무 후회 없이 기쁜 마음으로 돈이나 물건을 남에게 베푸는 것을 말한다. 희사는 아무런 반대급부나 대가를 바라지 않는 순수한 마음으로 베풀기 때문에 아무나 쉽게 할 수 있는 것이 아니다. 따라서 감사, 봉사, 인사보다도 높은 학위(수준)이라고 생각한다. 평생 노점상이나 김밥장사 등으로 어렵게 모은 전 재산을 장학금으로 희사하는 분들의 아름답고 훌륭한 이야기는 메말라 가는 우리 사회를 따뜻하게 한다. 더 많이 가지고 더 많이 누린 분들이 자발적으로 희사하는 아름다운 운동이 널리 퍼지기를 희망한다.

• 조용필의 노래 희사 이야기: 돈보다 귀한 것

조용필의 명곡인 「비련」에 얽힌 일화가 공개됐다. 조용필 전 매니저인 최동규 씨가 과거 조용필 4집 발매 당시 인터뷰했던 내용 중 일부를 발췌한 것입니다.

조용필이 과거 4집 발매 후 한창 바쁠 때 한 요양병원 원장에게서 전화가 왔다. 병원장은 자신의 병원에 14세의 지체장애 여자 아이가 조용필 4집에 수록된 「비련」을 듣더니 눈물을 흘렸다고 하였다. 입원 8년 만에 처음 감정을 나타내어 보인 것이었다. 이어 병원장은 "이 소녀의 보호자 측에서 '돈은 원하는 만큼 줄 테니 조용필이 직접 이 소녀에게 「비련」을 불러 줄 수 없느냐?'며 '와서 얼굴이라도 보게 해줄 수 없느냐?'라고 부탁을 했다."

최동규 씨는 "당시 (조)용필이가 카바레에서 한 곡 부르면 지금 돈으로 3,000만 원~4,000만 원 정도를 받았다."며 그런데 조용필에게 이 얘기를 했더니 피던 담배를 바로 툭 끄더니 '병원으로 출발하자'고 했다고 합니다. "그날 행사가 4개였는데, 모두 취소하고 위약금 물어주고 시골병원으로 갔다."라고 당시 상황을 설명하였습니다. 병원 사람들이 놀란 것은 당연했지요. 조용필은 병원에 가자마자 사연 속의 소녀를 찾았습니다. 소녀는 아무 표정도 없이 멍하니 있었는데 기적은 이때부터 시작됐습니다. 조용필이 소녀의 손을 잡고 「비련」을 부르자 소녀가 펑펑 운 것입니다. 소녀의 부모도 울었습니다. 조용필이 여자 애를 안아주고 싸인 CD를 주고서 차에 타는데 여자 아이 엄마가 "돈은 어디로 보내면 되냐?, 얼마냐?"고 물었습니다. 그러자 조용필은 "따님 눈물이 제 평생 벌었던 돈보다 더 비쌉니다."라고 말했다고 합니다.

세상에는 가슴 따뜻한 사람이 더 많다는 걸 잊지 맙시다. 그리고 돈보다 귀한 것은 어려운 분들에게 감동을 주는 것입니다. 받는 자보다 주는 자가 더 행복합니다. 예전에 읽었던 아름다운 글인데 또다시 읽어도 감동의 물결이 밀려옵니다(출처: 인터넷).

4 ___ 사랑

사랑을 한마디로 정의할 수는 없지만 누군가를 아끼고 소중히 여겨 좋아하는 마음이라고 할 수 있다. 부모의 사랑, 자식의 부모님 사랑, 사제 간의 사랑, 연인 간의 사랑 등 사랑의 대상도 다양하다. 그러므로 사랑은 행복학위 중에서 가장 넓고 최고로 높은 학위이다. 사랑에서 가장 핵심적인 사랑은 자기 자신을 사랑하는 것이 아닐까? 자신을 사랑하지 않은 사람이 어떻게 다른 사람을 신뢰하고 사랑할 수 있으며 남에게 감사하고 봉사하며 희사할 수 있을까? 자신을 사랑하는 것이야말로 행복의 출발점이자 중요한 열쇠이니 자기 자신을 많이 사랑하고 소중히 여기자. 더불어 가족도 이웃도 국가도 소중히 여기고 사랑하면서 우리나라를 사랑이 넘치고 신나는 신뢰 국가로 만들어 나가자!

공직자 여러분, 지금 당장 부모와 형제자매, 남편과 아내, 친구와 연인, 직장 동료와 이웃 등 주위 사람에게 적극적으로 사랑한다고 표현하자! 사랑의 말은 만병을 치유한다. 따뜻하고 진실한 사랑의 말 한마디는 본인뿐만 아니라 가정, 이웃, 국가를 건강하고 신뢰가 넘치게 한다. 사랑이 넘치며 아름다운 공직자(사람)는 감정이 상한 직원(사람)에게 위로의 말을, 낙심하고 절망한 직원(사람)에게 희망의 말을, 환난과 고통 가운데 있는 직원(사람)에게 용기를 주는 말을, 문제를 당한 직원(사람)에게 문제를 해결하는 지혜로운 말을, 나태한 직원(사람)에게 권면의 말을 하여 그들로 하여금 다시 일어나 주위에 사랑과 빛을 발하게 한다.

『설원說苑』에 나오는 '애급옥오愛及屋烏'이란 '사랑이 지붕 위의 까마귀에까지 미친다.'는 뜻으로, 사람을 사랑하면 그 집 지붕 위에 앉은 까마

귀까지도 즉, 모든 것이 사랑스럽다는 말이다. 아무리 보잘것없는 물건(사람)이라도 제 마음에 들면 좋게 보인다는 말인 '제 눈에 안경'과 유사하다. 신약성경 고린도전서 13장 4절부터 7절에는 "사랑은 오래 참고 사랑은 온유하며 시기하지 아니하며 사랑은 자랑하지 아니하며 교만하지 아니하며 무례히 행하지 아니하며 자기의 유익을 구하지 아니하며 성내지 아니하며 악한 것을 생각하지 아니하며 불의를 기뻐하지 아니하며 진리와 함께 기뻐하고 모든 것을 참으며 모든 것을 믿으며 모든 것을 바라며 모든 것을 견디느니라"는 사랑에 대한 말씀이 있다.

• 희망의 파랑새가 행복을 의미하듯이 공직자 및 독자들이 행복해지기를 기원합니다. ♥

_____ 출처: 다음 통합검색 「**파랑새**」 이미지

인생의 최고 스승: 웃자(웃음)

'스마일'이란 "스쳐도 웃고, 마주쳐도 웃고, 일하면서도 웃고 또는 일부러도 웃고"의 준말로, 자주 웃는다는 말이다. '소문만복래笑門萬福來'는 웃는 집 대문으로는 온갖 복이 들어온다는 말로 웃으면 복이 온다는 뜻이다. '일소일소一笑一少, 일노일로一怒一老'란 한 번 웃을 때마다 한 번씩 젊어지고 한 번 성낼 때마다 한 번씩 늙는다는 뜻이니, 신나게 근무하면서 행복해지고 싶다면 화火를 자제하고 오히려 웃자! 우리가 웃으면 주변 사람들도 웃게 되어 우리나라는 웃음이 많아지고 밝아지며 신나고 행복해진다. 공자孔子, 노자老子, 장자莊子, 맹자孟子, 순자荀子보다 더 훌륭한 스승은 '웃자'라는 농담조의 말이 있다. 웃음은 인생 최고의 스승이면서 건강과 행복의 최고비법이라는 의미를 내포하는 것으로 볼 수 있다. 즉, 웃음은 행복이고 건강이다. 이것은 행복해서 웃는 것이 아니고 웃으니까 행복해진다는 말과 상통한다. 웃음은 보약보다 낫고, 고통을 지우는 지우개이고, 병을 없애는 치료제이며, 마음의 비타민이다.

인류의 4대 성인은 인류에게 지대한 영향을 끼치고 동양과 서양의 정신세계에 토대를 세운 성자와 현자들을 말한다. 이견이 있지만 대개 예수 그리스도, 석가모니, 공자, 소크라테스를 꼽는다. 그래서 인류 4대 성인의 웃음과 관련된 이야기를 소개하니 종교적으로 해석하지 마시고, 공직을 수행하면서 짜증나고 불만스럽거나 시빗거리가 생겨 원망스럽고 억울하더라도 툭툭 털고 인생의 최고 스승인 스마일로 화답하거나, 아니면 저자에게 전화를 걸어 웃음 상담을 하면서 툭툭 털어내기를 희망한다. 그렇게 하면 공직자 여러분 주위가 웃음으로 가득차서 신나게 행복한 신뢰 국가를 만들게 된다.

1 ___ 이삭(웃음)과 예수 그리스도

구약성경 창세기 21장 6절에는 "사라가 이르되 하나님이 나를 웃게 하시니 듣는 자가 다 나와 함께 웃으리로다"라는 말씀이 있다. 이삭이란 이름은 '그가 웃는다, 웃음'이란 뜻으로 부모가 그의 탄생과 관련하여 하나님 앞에서 웃은 일에서 비롯된 이름이다. 이삭은 아버지 아브라함(100세 때)과 어머니 사라(90세 때)가 늦은 나이에 얻은 아들로서, 하나님의 약속으로 태어난 언약의 후손이다. 하나님이 아브라함의 믿음을 시험하기 위해 어린 이삭을 제물로 바치라고 하였을 때 끝까지 순종함으로써, 훗날 십자가에서 죽기까지 순종하는 예수 그리스도의 모형을 보인다. 신약성경 데살로니가전서 5장 16~18절에는 "항상 기뻐하라 쉬지 말고 기도하라 범사에 감사하라 이것이 그리스도 예수 안에서 너희를 향하신 하나님의 뜻이니라"는 말씀이 있으니 늘 웃으면서 기뻐하고 감사하길 기대한다.

2 ___ 석가모니의 웃음

석가모니가 제자와 길을 가다가 어느 마을에 이르러 건달들이 못된 욕을 하였다. 그런데 석가모니는 그저 미소를 지을 뿐 화내는 기색이 없었다. 그때 제자가 "스승님, 그런 욕을 듣고도 웃음이 나오십니까?"라고 여쭈었더니, 석가모니는 "이보게, 자네가 나에게 금덩어리를 준다고 하세. 그것을 내가 받으면 내 것이 되지만 안 받으면 누구 것이 되는가?"

라고 반문하였다. 제자가 "원래 임자의 것이 되겠지요."라고 대답하자, 석가모니는 "바로 그걸세. 상대방이 내게 욕을 했으나 내가 받지 않았으니 그 욕은 원래 말한 자에게 돌아간 것일세. 그러니 웃음이 나올 수밖에 없네."라고 하였다. 공직에 근무하면서 내가 욕이나 원망을 상대에게 쏟아부어도 상대가 대꾸하거나 받아들이지 않으면 그 욕이나 원망이 내게 다시 돌아오고, 심한 욕이나 원망을 듣고도 내가 받아들이지 않으면 상대방에게 다시 돌아간다. 그러므로 정말 어렵더라도 웃음으로 화답하면 분위기가 다시 좋아지고, 상대방이 웃음을 받지 않으면 웃음이 나에게 다시 돌아와 내가 위안과 평안을 얻게 된다.

3 ___ 공자의 미소

『논어』에 공자와 제자 증삼(증자)의 대화가 있다. 공자가 말하였다. "삼參아, 나의 도는 하나로써 꿰었느니라(일이관지一以貫之)." 증자가 "옳습니다."라고 하자, 공자가 미소를 지으며 나갔다. 그때 제자들이 물었다. "미소는 무엇을 이르신 것인가?" 증자가 "선생님의 도 즉, 미소의 의미는 충忠과 서恕이다."라고 대답하였다. 충(忠=中+心)은 중中과 심心의 합자로서 속에 있는中 참된 마음心이라는 뜻이고, 서(恕=如+心)는 다른 사람의 마음心을 자기의 마음心과 같게如 생각하는 것이다. 즉, 충忠은 자신의 참된 마음을 다하는 것이고, 서恕는 참된 마음을 바탕으로 다른 사람의 마음을 헤아리는 것이다. 다시 말하면 공자의 미소는 충성과 용서라는 뜻으로, 충직하고 동정심이 많음을 의미한다.

4 ___ 소크라테스의 웃음

어느 날 소크라테스의 집에 친한 친구가 찾아왔다. 소크라테스는 친구를 반갑게 맞이했으나 그의 아내는 표정이 좋지 않았다. 잠시 후 소크라테스의 아내가 큰 소리로 화를 내기 시작했지만 소크라테스는 이를 애써 무시하면서 친구와 대화에 열중했다. 그때 그의 아내가 갑자기 커다란 물통을 들고 오더니 소크라테스의 머리에 쏟았다. 순식간에 봉변을 당한 소크라테스는 수건으로 물을 닦으며 당황한 친구에게 아무렇지도 않은 듯 이렇게 말했다. "여보게, 너무 놀라지 말게. 천둥이 친 후에는 반드시 소나기가 내리는 법이라네." 그때 친구는 소크라테스의 재치와 유머에 손뼉을 치며 웃음을 터뜨렸다.

긍정과 부정의 힘

지난(2018년) 여름에는 111년 만의 폭염이라고 불평하더니, 금방 흐렸다 갰다 하는 날씨에 투덜거린다. 식을 줄 모르는 불볕더위에 비를 기다리던 사람들도 장마나 태풍이 오면 더위가 식은 것에 고마워하기는커녕 도리어 폭우에 불평을 한다. 불볕더위의 피해를 말하다가도 언제 그랬냐는 듯이 장마나 태풍의 피해를 하소연하는 것이 인간의 변덕스러운 마음이다. 즉, 우리의 마음은 긍정적인 마음과 생각으로 가득 차 있다가도 금세 걱정과 부정적인 마음으로 바뀐다. 그래서 긍정의 힘과 부정의 힘에 대한 다섯 가지 효과를 언급하니, 공직에 근무하면서 긍정적 마음으로 긍정의 힘을 적극적으로 활용하기를 기대한다. 여러분이 한 번쯤은

들어봤을 법한 말 중에서, 긍정의 힘(효과)을 말할 때에는 '피그말리온 효과, 로젠탈 효과, 플라시보 효과'를 말하고, 부정의 힘(효과)을 설명할 때는 '스티그마 효과, 노시보 효과'를 예로 든다.

1 ___ 긍정의 힘: 피그말리온 효과, 로젠탈 효과, 플라시보 효과
'피그말리온 효과, 로젠탈 효과, 플라시보 효과'는 자기나 타인의 기대, 칭찬, 관심으로 능률이 오르거나 결과가 좋아지는 현상을 말한다.

❶ 피그말리온 효과Pygmalion Effect란 그리스신화에 나오는 조각가 피그말리온의 이름에서 유래한 심리학 용어다. 조각가였던 피그말리온은 세상의 여인들 중에서 이상형을 찾을 수 없어서 자신의 이상형대로 아름다운 여인상을 조각하고 그 여인상을 진심으로 사랑했다. 여신 아프로디테는 그의 사랑에 감동하여 여인상에게 생명을 주어 여인으로 만들어 주었고, 피그말리온은 사람이 된 조각상과 결혼해서 부부가 되었다.

❷ 로젠탈 효과Rosenthal Effect는 피그말리온 효과와 일맥상통하는 말로, 칭찬의 긍정적 효과를 설명하는 용어이다. 하버드대 심리학과 교수 로버트 로젠탈 교수가 발표한 이론이다. 그는 샌프란시스코의 한 초등학교에서 20%의 학생들을 무작위로 뽑고 명단을 교사에게 주면서 지능지수가 높은 학생들이라고 말했다. '너희들은 IQ가 높다.'라는 교사의 격려가 큰 힘이 되어 명단에 있는 학생들은 8개월 후에 다른 학생들보다 평균 점수가 훨씬 높아졌다.

❸ 플라시보 효과 Placebo Effect는 '마음에 들게 하다.'라는 라틴어에서 유래됐는데, 의사가 약효가 없는 가짜 약 혹은 꾸며낸 치료법을 환자에게 제안했는데도 환자의 긍정적인 믿음과 심리 요인으로 병세가 호전되는 현상이다. '위약偽藥 효과 또는 가짜 약 효과'라고도 한다.

2 ___ 긍정의 힘 사례

❶ 잭 웰치 Jack Welch**의 어머니**

세계적인 제조기업 제너럴일렉트릭(GEGeneral Electric Company)의 전 회장 잭 웰치Jack Welch는 어린 시절 사람들이 손가락질 할 정도로 말을 심하게 더듬었다. 그러나 어머니는 "웰치야, 네가 말을 더듬는 이유는 생각의 속도가 너무 빨라서 입이 그 속도를 따라주지 못하기 때문이란다. 너는 반드시 큰 인물이 될 거야!"라고 항상 그를 격려했다.

잭 웰치는 어머니의 격려에 힘입어 1960년 GE에 입사하고, 독특하면서도 뛰어난 경영 방식으로 승진을 거듭하였다. 1981년 최연소로 GE 회장이 되어 2001년 9월 퇴임할 때까지 '6시그마, e비즈니스, 세계화' 등의 전략으로 GE를 혁신하여 세계적 기업으로 성장시켰다.

❷ 어느 선비의 꿈 이야기

옛날에 한 선비가 과거 시험을 치르러 한양에 갔다. 시험을 치르기 이틀 전에 연거푸 세 번이나 꿈을 꾸었다. 첫 번째 꿈은 벽 위에 배추를 심는 것이었고, 두 번째 꿈은 비가 오는데 두건을 쓰고 우산을 쓰고 있는 것이었으며, 세 번째 꿈은 사랑하던 여인과 등을 맞대고 누워 있는 것이었다. 세 꿈이 다 심상치 않아 점쟁이를 찾아가서 물었더니 점쟁이가 하는 말이, "벽 위에 배추를 심으니 헛된 일을 한다는 것이고", "두건을 쓰고 우산을 쓰니 또 헛수고 한다는 것이며", "사랑하는 여인과 등을 졌으니 그것도 헛일이라는 것이니."라고, 꿈 해몽을 해 주었다.

점쟁이의 말을 들은 젊은이는 풀이 죽어 고향으로 돌아가려고 짐을 챙기는데, "아니 시골 선비양반! 내일이 시험을 치르는 날인데 왜 짐을 싸시오?"라고 하면서 여관 주인이 자초지종을 물었다. 풀이 죽은 젊은 선비가 꿈 이야기를 하자, 여관 주인이 환한 미소를 지으며 꿈 해몽을 긍정적으로 해 주었다. "벽 위에 배추를 심었으니 높은 성적으로 합격한다는 것이고", "두건을 쓰고 우산을 썼으니 이번만큼은 철저하게 준비했다는 것이며", "몸만 돌리면 사랑하는 여인을 품에 안을 수 있으니 쉽게 뜻을 이룬다."는 것이네! 그러니 이번 시험은 꼭 봐야 하겠소! 여관 주인의 말을 들은 젊은 선비는 용기를 얻어 과거시험을 보았는데, 높은 성적으로 합격하였다. 같은 내용을 놓고 어떤 시각으로 바라보느냐에 따라 성패가 좌우된다는 것이다. 그래서 '긍정의 힘은 위대하다!'라고 했다. 모든 사물을 긍정적인 사고와 긍정적인 시선으로 바라볼 때에 새로운 창조가 발견되며 새로운 신화를 창조 할 수 있다(출처: 인터넷).

공직자 여러분, 여러분 인생에서도 새로운 삶을 창조하고, 아울러 우리나라가 한반도 시대를 열고 세계를 리드하는 새로운 신화를 창조할 수 있도록 오늘도 내일도 긍정의 힘으로 힘차게 전진! 전진! 또 전진하자!

3 ___ 부정의 힘: 스티그마(낙인/왕따) 효과, 노시보 효과
피그말리온 효과와 반대의 표현은 스티그마 효과이고, 플라시보 효과

와 대립되는 말은 노시보 효과이다.

❶ **스티그마 효과**Stigma Effect는 부정적으로 낙인찍히면(왕따 당하면) 실제로 그 대상이 점점 더 나쁜 행태를 보이고, 또한 대상에 대한 부정적 인식이 지속되는 현상이다. 심리학에서 인간의 일탈 행동 혹은 부적응 행동을 설명할 때 주로 사용된다. 스티그마는 빨갛게 달군 인두를 가축의 몸에 찍어 소유권을 표시하는 낙인을 가리킨다. 그래서 스티그마 효과를 '낙인烙印 효과' 또는 '왕따 효과(우리나라의 집단따돌림 현상을 감안하여 저자가 고안)'라고도 한다. 비행청소년의 일탈이 심해지는 현상이나 계속 취업이 되지 않아 취업이 점점 더 어려워지는 경우 등을 예로 들 수 있다.

❷ **노시보 효과**Nocebo Effect는 '해를 끼친다.'는 라틴어에서 유래됐는데, 의사가 약을 올바로 처방했는데도 환자가 의심을 하고 부정적인 마음이 생기면 약효가 나타나지 않는 현상이다. 노시보 효과로 인해 아무런 해도 없는 물체나 소문에 의해 병이 생기거나 심지어 죽음에 이르기도 한다. 풍토병이 돈다는 소문만으로도 감염되지 않은 상당수의 사람들이 이유 없이 발진, 발열, 구토, 설사 등 풍토병 증상을 호소하는 것을 예로 들 수 있다.

기쁨(감사)과 슬픔(불평)

'기쁨을 나누면 두 배가 되고 슬픔을 나누면 절반이 된다.'라는 말이

있고, '기쁨을 나누면 질투가 되고 슬픔을 나누면 약점이 된다.'라는 말도 있다. 마음이 넉넉하여 기쁨과 슬픔을 진정 나눌 줄 아는 사람과 기쁨을 나누어야 격려와 칭찬이 더해져 기쁨은 배가되고, 슬픔을 나누면 동정과 위로가 힘이 되어 슬픔은 반감이 된다. 하지만 어떤 사람은 남의 기쁨에서 자신의 처지와 비교하여 질투를 느끼고, 면전에서는 남의 슬픔을 위로해 주지만 뒤돌아서서는 험담을 한다. 경제가 발전해서 소득이 늘어 삶이 풍족해졌지만 마음은 점점 더 황폐해져서 인간관계가 멀어진 탓인가?

'송무백열, 혜분난비, 종과득과 종두득두' 등의 성어를 인용해서 기쁠 때에는 행복이 배가되고, 슬플 때에도 행복을 느낄 수 있는 길을 소개하니, 기쁨과 슬픔을 함께 나누어 기쁨은 함께하고 슬픔은 위로하여 항상 신나고 즐겁게 근무하기를 희망한다.

1 ___ 기쁨과 슬픔 함께 나누기

진晉나라 육기陸機가 쓴 「탄서부」에 나오는 '신송무이백열信松茂而柏悅, 차지분이혜탄嗟芝焚而蕙歎'은 '진실로 소나무가 무성해지면 잣나무가 기뻐하고, 지초가 불에 타면 혜초가 한탄한다.'는 뜻으로 여기서 송무백열, 혜분난비, 지분혜탄이라는 말이 나왔다. '송무백열松茂柏悅'이란 '소나무가 무성하게 자라는 것을 보고 옆에 있는 측백나무가 기뻐한다.'는 뜻으로, 친구나 주위 사람이 잘 되는 것을 즐거워하며 함께 나눈다는 말이다. 백柏은 원래 측백나무를 가리키는 말인데 주로 잣나무를 가리키는 데 쓰인다. '혜분난비蕙焚蘭悲'는 '지분혜탄芝焚蕙歎'이라고도 하는데, '혜란蕙蘭(난초과의 풀)이 불에 타면 난초蘭草가 슬퍼한다.'는 뜻으로, 벗이나 주

위 사람의 슬픔이나 불행을 같이 슬퍼하고 위로하니 슬픔과 불행 속에서
도 위로와 행복을 찾을 수 있다는 말이다.

2 ___ 콩 심은 데 콩 난다

'콩 심은 데 콩 나고 팥 심은 데 팥 난다.'라는 우리 속담과 유사한 '종
과득과種瓜得瓜 종두득두種豆得豆'는 오이를 심으면 오이를 얻고 콩을 심으
면 콩을 얻는다는 말로『명심보감』에 나온다. 그리고 신약성경 갈라디아
서 6장 7절에는 "사람이 무엇으로 심든지 그대로 거두리라"는 말씀이 있
다. 그러므로 칭찬과 격려, 감사, 행복을 심으면 칭찬, 격려, 감사, 행
복을 거두고, 비난과 불평, 불행을 심으면 비난, 불평, 불행을 거두게
된다.

3 ___ 종감사득감사 종불평득불평

어느 지역에 두 마을이 이웃해서 살고 있었는데, 한 마을은 감사촌이
고 다른 마을은 불평촌이었다. 불평마을 사람들은 봄부터 겨울까지 1년
내내 무엇이든지 불평과 불만을 쉬지 않았다. 봄에는 황사 때문에 먼지
가 많다고 불평했고, 여름에는 너무 덥다고 불평했으며, 가을에는 낙엽
이 많이 떨어진다고 불평했고, 겨울에는 눈이 많이 오고 춥다고 불평했
다. 좋은 일이 생겨도 혹시 잘못되지나 않을까 의심과 염려로 감사하지
못했고, 언제나 불평 속에서 살았다. 그러나 감사마을에 사는 사람들은
정반대로 어떠한 일에도 감사했다. 고생을 해도 감사하고 시련을 만나
도 감사했다. 봄에는 꽃향기에 감사했고, 여름에는 시원한 나무 그늘에
감사했으며, 가을에는 잘 익은 열매 때문에 감사했고, 겨울에는 나뭇가

지에 하얗게 쌓인 눈으로 감사했다.*

불평도 습관이다. 불평을 심는 사람은 항상 불평한다. 부정적인 사람의 눈에는 장미는 보이지 않고 장미 가시만 보인다. 불평하는 사람은 불평이 인격 그 자체이다. 그는 불평의 눈을 가지고 있어서 눈으로 보는 모든 것이 불평의 조건으로 보이고, 불평의 입을 가지고 있어서 입을 열면 불평이 쏟아져 나온다. 문제는 본인만 불평하는 인생을 사는 것이 아니라 주변 사람들 모두를 불평하는 인생으로 살게 하니 불평과 불만을 없애야 한다. 그러나 반대로 감사를 심으면, 감사가 인격 그 자체가 되며, 저절로 감사의 눈을 갖게 된다. 그렇게 되면 보는 것마다 감사의 조건이 되며, 입을 열면 감사가 샘솟듯 터져 나온다. 그래서 그는 한평생을 감사로 살아간다. 자나 깨나 앉으나 서나 감사가 있을 뿐이다. 감사는 행복해지는 연습이며, 지름길이다.

4 ___ 감사하는 삶

'지족상락知足常樂'은 『도덕경』에 나오는 말로, '만족할 줄 알아야 늘 즐겁다.'라는 뜻이다. 『노자』에 나오는 '지족자부知足者富'는 '만족할 줄 아는 사람은 부자다.'라는 말로, 부재지족富在知足이라고도 한다. 많은 것을 소유하고 있어도 욕심이 많아서 만족하지 못하면 행복을 느끼지 못한다. 그러므로 적은 것이나 작은 것에 감사하는 것, 이것이 바로 지족知足이다. 태양에 감사하고, 물에 감사하고, 공기에도 감사하여야 한다. 왜냐하면 빛, 물, 공기가 없다면 우리가 단 하루 아니 단 한 시간도 살아갈

---

* 전광, 『행복의 문을 여는 열쇠, 평생감사』, 생명의말씀사(2007), p. 74-79.

수 없기 때문이다.

5 ___ 지은이의 6가지 감사

본인도 30~40대에는 주위 친구들이 잘나가는데 본인은 뒤쳐진다고 느끼고, 사기도 당하고, 여러 가지 일도 잘 안 풀러 늘 불평불만을 했지만 지금은 아침에 일어날 때, 눈이 있어 볼 수 있는 것에 감사하고, 코가 있어 냄새를 맡을 수 있음에 감사하고, 입이 있어 말하고 먹을 수 있음에 감사하고, 귀가 있어 들을 수 있음에 감사하고, 손이 있어 글을 쓸 수 있어서 감사하고, 발이 있어 걸을 수 있음에 감사하면서 하루하루를 시작하니 행복이 눈앞에 있는 것 같다. 공직자 여러분도 '6가지(눈, 코, 입, 귀, 손, 발) 감사(저자 고안)'로 하루하루를 시작하여 건강하고 신나고 행복하게 잘 살아가기를 희망한다.

옹고집 대신 택선고집

최근 인터넷과 여러 매체를 통해 침묵의 카르텔, 재판청탁, 사법농단, 공사채용 비리, 버닝썬 경찰유착, 김 모 전 법무부 차관의 별장 성접대 등 각종 사고가 연일 언급되다 보니, 우리 사회에 착한/좋은 일(善 착할 선)은 없고 나쁜/악한 일(惡 악할 악)만 있는 것 같은 착각이 든다. 사실 보이지 않는 곳에서 묵묵히 봉사하고 좋은 일을 하는 분들이 많이 계시기 때문에 우리 사회가 계속 발전하는 것이다. '노숙자 빌리'의 이야기와 택선고집 등의 성어를 소개하니 공직자 여러분도 선을 나누며 선善에서 보

람을 느끼기를 기대한다.

1 ___ 노숙자 빌리

2013년 어느 날, 사라Sarah는 지갑 안에 있던 모든 동전을 노숙자 빌리(Billy) 앞에 놓인 컵에 쏟아주었다. 그때 사라 자신도 모르게 자기 약혼반지가 컵 안으로 흘러 들어갔다. 반지를 발견한 빌리는 반지가 진짜인지 궁금한 마음에 보석상에 가서 주인에게 반지를 보여주었다. 보석상 주인은 '진짜 다이아몬드 반지'라고 말하면서 4,000달러(약 440만 원)에 사겠다고 했다. 그 순간 빌리는 노숙자 생활을 벗어나 새 인생을 살 수 있다는 생각으로 갈등했지만, 그는 택선고집擇善固執의 태도로 다음 날 다시 자기를 찾아온 사라에게 반지를 돌려주었다. 사라와 그의 남자 친구는 선하고 착한 빌리에게 크게 감동받아 그를 돕기 위한 모금 활동을 시작했다. 반지를 돌려준 한 노숙자의 사연은 금방 화제가 되어 많은 사람들의 가슴을 울렸다. 모금을 시작한 지 얼마 되지 않아 2억 3천만 원이라는 큰돈이 모였다. 빌리는 이 돈으로 새로운 삶을 시작할 수 있었다.

2 ___ 공정과 선善 굳게 지키기

『중용』에 나오는 '택선고집'이란 '선善을 택하여 자기의 의견을 굳게 지킨다.'는 뜻으로, 착한(좋은) 것을 선택하여 고집스럽게 밀고 나간다는 말이다. 공직에 근무하면서 자기의 생각을 무작정 우기는 옹고집을 부리지 말고 빌리처럼 공정과 정의, 선 등을 택하여 굳세게 밀고 나가 성취도 보람도 느끼길 바란다. 또한 신약성경 갈라디아서 6장 9절에는 "우리가 선을 행하되 낙심하지 말지니 포기하지 아니하면 때가 이르매 거두리라"는 말씀이 있다.

3 ___ 메아리 법칙

세상만사는 가고去, 오는來 것이 다반사茶飯事이다. 물건을 사면 그 대가로 돈을 내야 하고, 일을 하면 그 대가로 월급을 받고, 은혜를 입었으면 갚아야 하는 것이 인생의 도리이다. 즉, 세상만사는 거래이고 인생은 공짜가 없는 메아리의 연속이다. 한 아이가 산에 올라가 "야"하고 외치니 "야"라는 소리가 들려와서 "너는 누구니"라고 물어보자 "너는 누구니"라는 메아리가 울려왔다. 아이는 화가 나서 "난 네가 싫다"라고 외치자 "난 네가 싫다"는 소리만 들려와 울면서 집으로 돌아갔다. 어머니에게 운 사정을 말했더니 어머니는 아이에게 산에 올라가 "난 너를 사랑해"라고 외쳐보라고 하였다. 어머니의 말대로 아이가 산에 다시 올라가 "난 너를 사랑해"라고 외치자 "난 너를 사랑해" "난 너를 사랑해"라는 반응이 메아리쳐서 기쁘게 산을 내려왔다고 한다.

인생은 메아리다. 나에게 다가오는 모든 것들은 따지고 보면 모두 나로 말미암은 것이다. 다른 사람이 나를 욕하고 미워하면 그것은 내가 다른 사람을 미워하고 욕을 했기 때문이고, 다른 사람이 나를 사랑하고 존경하고 선하게 대우한다면 그것은 내가 다른 사람을 사랑하고 존경하고 그에게 선을 베풀었기 때문이다.

제3부

묵공黙公

신나게 묵묵히 열심히 일하는 공직자

강감찬 장군이 남긴 한시

고학총위헌孤鶴寵衛軒 쌍원입모론雙鴛入毛論
추풍무한한秋風無限恨 불능공일존不能共一尊

● 외로운 학은 위나라 초헌軺軒(고관의 가마)에 태우는 사랑을 받고, 한 쌍의
원앙은 모론(시경 주석집)에 들어 있네. 가을바람에 한恨은 끝이 없으니,
술 한 잔 함께 할 수 없어서라오.

───── 앞 두 구句의 고학孤鶴과 쌍원雙鴛은 고려 수도 개경에서 호의호식하는
중앙 고위 관료를, 뒤 두 구句는 북쪽 국경에서 나라를 지키려고 애쓰는 자신
을 묘사하였다. 국경에서 지내는 외로움을 나라를 사랑하는 묵공黙公의 마음으
로 승화시켜 표현한 한시(자세한 기록이 없어, 인터넷 등을 참조하여 저자가
해석).

● 사진: 강감찬 장군 / 출처: 두산백과 doopedia.co.kr

제4장

진정한 시민 영웅

공직 / 국민 / 한국 / 세계 / 평화
⋮

진정한 시민 영웅들

·······

제주한라대학교 1학년에 재학 중이던, 횡단보도의 영웅 김선웅 씨는 2018년 10월 3일 새벽 3시경에 아르바이트를 마치고 집으로 가던 중, 제주시 도남동 정부종합청사 인근에서 무거운 손수레를 끄는 할머니를 도와 함께 횡단보도를 건너다가 과속으로 달려오던 차에 치였다. 뇌사 상태에 빠진 후 장기를 기증하여 7명에게 새 생명을 선물하고 같은 달 9일 생을 마감했다.

고속도로의 영웅 한영탁 씨는 2018년 5월 12일 빗길 고속도로에서 중앙분리대를 들이받은 후 멈추지 않고 계속 달리는 차량을, 위험을 무릅쓰고 자신의 차량으로 막아 세워 고속도로에서 2차 사고를 막고 그 차량 운전자를 구했다.

이웃을 살리려고 불길 속으로 뛰어든 초인종의 영웅 안치범 씨는 2016년 9월 9일 새벽에 불이 난 건물에서 집집마다 초인종을 눌러 사람들을 대피시키고는 안타깝게도 자신은 2016년 9월 21일 젊은 나이에 목숨을 잃었다.

갑질 행위, 재판청탁, 사법농단, 사립유치원 비리, 공사채용 비리, 클럽 버닝썬 경찰유착 등 나쁜 소식만을 듣다가, '횡단보도의 영웅, 고속도로의 영웅, 초인종의 영웅' 등 시민 영웅들에 관한 소식을 들으니 자신의 안위와 이익을 뒤로하고 공적인 일과 선한 일을 우선 하는, 선공후사 先公後私의 사람(시민)이 많다는 것이 온몸으로 느껴진다. 시민 영웅이 있듯이 묵묵히 열심히 근무하는 공직 영웅도 많이 있다. 그래서 '때려주세요(부형청죄)' 이야기를 소개한다.

• '때려주세요' 이야기

『사기』에 나오는 '부형청죄負荊請罪'는 '가시나무를 등에 지고 때려 달라고 죄를 청한다.'라는 뜻으로, 자신의 잘못을 인정하고 처벌해줄 것을 요청한다는 말이다. 인상여藺相如와 염파廉頗 간의 부형청죄 이야기에서 '선공후사, 문경지교刎頸之交'란 성어가 유래한다. '선공후사'는 '어떤 일을 할 때 사적인 욕심이나 편리함을 생각하기보다는 국익과 공익을 우선한다.'는 뜻이다. '문경지교'는 '서로를 위해서라면 목이 잘린다 해도 후회하지 않을 정도의 사이'라는 뜻으로, 우정이 깊어 생사고락을 함께할 수 있는 친구를 말한다.

'때려주세요(부형청죄)' 이야기를 간략히 하면, 전국시대 조(趙)나라에 인상여와 염파라는 훌륭한 공직자가 있었다. 조나라 왕이 진(秦)나라를 외교로 물리치는 데 큰 공을 세운 인상여를 재상에 임명하자 염파 장군은 "나는 장수로서 늘 목숨을 담보로 적과 싸워 큰 공을 세웠고, 인상여는 단지 혀와 입으로만 나보다 높은 자리를 차지했다. 그를 보면 반드시 모욕을 주겠다."라고 불만을 토했다. 그 소리를 들은 재상 인상여는 조회 때마다 염파 장군과 마주치지 않기 위해 먼저 몸을 피했다. 인상여는 "막강한 진나라가 조나라를 침공하지 못하는 이유는 나와 염파 장군이 있기 때문이다. 만약 우리 둘이 서로 싸운다면 진나라의 침략을 돕는 일이 될 것이다. 내가 염파 장군을 피하는 것은 국가의 일을 먼저 하고(선공), 사사로운 원망을 뒤로 하기(후사) 때문이다."라고 말했다. 염파 장군이 재상 인상여의 이 말을 듣고서 자신의 잘못을 크게 깨우쳐 웃통을 벗고 가시나무를 등에 지고(부형負荊) 재상 인상여를 찾아가서 "비천한 놈이 재상의 넓은 마음을 헤아리지 못하였으니 벌을(때려) 주세요(청죄請罪)."라고 사죄하였다. 인상여는 염파를 기쁘게 맞이하였고, 이로부터 두 사람은 생사를 같이하는 문경지교를 맺었다.

우리나라에는 인상여나 염파와 같이 자신의 자리에서 묵묵히 열심히 일하는 묵공 영웅이 많다. 그래서 제5장에서는 우리나라의 진정한 묵공 영웅의 사례 5건을 소개하고, 제6장에서는 국민권익위원회에서 발행한 '2015년 청렴 사연 수기 공모전 수상작품집' 『우리나라엔 진짜 급행료가 있다』에서 3개 사례, 같은 위원회에서 2018년 3월 발간한 『사례로 보는 기업고충 해결 이야기』에서 2개 사례, 인사혁신처에서 2018년 2월에 편찬한 『2017년 적극행정 우수사례집』에서 3개 사례 모두 8개 사례를 발췌하고 요약하였다.

제5장

진정한 목공 영웅

공직 / 국민 / 한국 / 세계 / 평화

백성의 종 반석평[*]

조선시대 노비의 신분에서 벗어나 8도 관찰사를 역임하고 형조판서까지 오른 사람이 바로 백성의 종 반석평潘碩枰(1472~1540)이라는 조선 중종 때 문신이다. 반석평은 노비 출신이었지만 재상집에서 노비 문서를 불태워 면천免賤(천민의 신분은 면하고 평민이 됨)해주고 아들이 없는 부자 반서린潘瑞麟 집의 양자로 보내주었다. 재상집의 어린 노비는 부잣집에 입양된 후 신분세탁을 통해 공부에 전념할 수 있는 환경이 만들어지고 반석평이란 이름을 갖게 되었다.

----

[*] 최대익, 『백성의 종, 반석평』, 가디언(2016).

반석평은 연산군 10년(1504)에 소과 생원시험과 중종 2년(1507)에 대과 문과시험에 합격한 후 함경도에서 여진족을 방어하였다. 함경남도 병마절도사(지역 사령관, 종2품 차관급), 함경북도 병마절도사, 평안도 관찰사, 공조·형조판서 등을 지냈으며, 명나라에 사신으로 다녀오기도 하였다. 마지막으로 임명된 관직은 정1품 지중추부사였다. 반석평은 이렇게 계속 출세의 길을 걸었지만, 그의 재능을 알아보고 면천시켜준 재상 가문은 가세가 기울었다. 과거 합격자를 배출하지 못했을 뿐 아니라 재상이 죽은 뒤에는 경제적으로 곤궁해져, 하층민과 다를 바 없는 생활을 하였다. 그렇지만 반석평은 그들을 피하거나 무시하지 않고, 수레를 타고 길을 가다가도 주인집 사람들을 만나면 얼른 내려 진흙길 위에서도 절을 할 정도였다.

• 몰락한 옛 주인의 아들에게 절을 하는 반석평　　　　　　　　——— 출처: pentatonic 블로그

품계가 오르자 반석평은 조정에 자신의 진짜 신분을 고백하면서 자기

관직을 박탈하고 주인집 가족들에게 관직을 줄 것을 요청하였다. 신분이 드러난 반석평은 처벌을 받아야 마땅했지만, 조정에서는 그의 의리와 솔직함에 특례를 인정하여 그의 관직을 그대로 두고 주인집 가족들에게도 관직을 수여했다. 반석평은 조선 중종 당시에 노비 출신으로 판서까지 지냈고, 청렴하고 인품이 훌륭하여 사심 없이 공직을 수행한 백성의 종이기도 하다(출처: 「노비 출신 재상, 옛 주인을 만나다」, 네이버 지식백과).

인간쓰레기 파락호 김용환

파락호破落戶(破 깨트릴 파, 落 떨어질 락, 戶 집 호)라는 말은, 양반집 자손으로서 집안의 재산을 몽땅 털어먹는 난봉꾼을 의미한다. 요즘 말로는 인간쓰레기 중의 쓰레기가 아닐까? 독립유공자 김용환金龍煥(1887~1946)이 바로 인간쓰레기 파락호이다. 그는 의성 김 씨 학봉파의 후손으로, 학봉 김성일의 13대 종손으로 태어났고, 사촌이자 의병장이던 김흥락이 일본군에게 사망한 모습을 유년 시절에 목격한 후 항일의 뜻을 품었다. 1908년 이강년 의병장의 의진義陣(의병 전투군)에 참가하여 김현동과 적정敵情 탐지의 임무를 수행했으며, 1911년에는 김상태 의진에 참가하는 등 의병활동을 전개하였다. 또한 그는 독립군 기지 개척을 위해 만주로 건너간 독립운동자들과 연결하여 거액의 군자금을 제공하였다가, 일본경찰에 세 번이나 잡혀 고초를 겪었다. 3·1 운동 이후에는 의용단에서 서기로 활동하였으며, 부호를 대상으로 군자금 모집 활동을 벌였고, 1922년에 다시 일제에 잡혔다. 한편 그가 지원한 군자금은 현재 시가로 환산하면 약 400억

원이라고 한다. 그는 독립운동 사실을 숨기기 위해 도박으로 종가 재산을 모두 날린 노름꾼 행세를 하여 한평생 '파락호'라 불리었다.

진정한 영웅 파락호 김용환 이야기를 간략히 하면, 노름을 즐기던 김용환은 당시 경북 안동 일대의 노름판에는 꼭 끼었고 초저녁부터 노름을 하다가 새벽녘이 되면 판돈을 마지막에 다 베팅Betting하는 주특기가 있었다. 만약 베팅이 적중하여 돈을 따면 좋고, 실패하면 도박장 주변에 잠복해 있던 그의 수하 20여 명이 몽둥이를 들고 나타나 판돈을 덮치는 수법을 사용했다. 판돈을 자루에 담고 건달들과 유유히 사라졌던 노름꾼 김용환, 아내가 자식을 낳는 줄도 모르고 그렇게 노름하다가 수백 년 동안 종가 재산으로 내려오던 종갓집이며, 전답 18만 평 현재 시가 약 400억 원도 다 노름으로 탕진하였다. 아내 손을 잡고 다신 그러지 않겠다는 약속도 잠시, 다시 땅 문서를 들고 노름판을 찾았다. 그렇게 팔아먹은 전답을 문중의 자손들이 십시일반으로 돈을 걷어 다시 종가에 되사주곤 했다. "집안 망해 먹을 종손이 나왔다."고 혀를 차면서도 당시 양반종가는 문중의 구심점이었으므로 어쩔 수 없었다. 급기야는 시집간 무남독녀 외동딸이 혼행婚行 때 친정집에 가서 장롱을 사 오라고 시댁에서 받은 돈마저 친정아버지 김용환이 노름으로 탕진했다. 딸은 빈손으로 시댁에 갈 수 없어서 친정 큰어머니가 쓰던 헌 장롱을 가지고 울며 시댁으로 갔다. 상황이 이 정도니 주위에선 얼마나 그를 욕했겠는가?

김용환은 광복 다음 해인 1946년에 세상을 떠났다. 천하의 파락호 노름꾼 김용환이, 사실은 만주에 독립자금을 보낸 독립투사였으며, 그간 노름으로 탕진했다고 알려진 돈은 모두 만주 독립군에게 군자금으로 보낸 사실이 그의 사후에 밝혀졌다. 김용환은 독립군의 군자금을 만들기 위하여 죽을 때까지 노름꾼, 주색잡기, 망나니 파락호라는 불명예를 뒤집어쓰고 자기 가족에게까지도 철저하게 자신의 신분을 함구하며 파락호의 삶을 살았다. 이 사실을 아는 독립군 동지가 그의 임종 무렵 머리맡에서, "이제는 만주에 돈 보낸 사실을 이야기해도 되지 않겠나?"라고 하자 "선비로서 당연히 할 일을 했을 뿐인데 아무 말도 하지 마라."는 말을 남긴 채 눈을 감았다. 그의 외동딸 김후웅 여사는 아버지 김용환의 공로로 1995년에 건국훈장 애족장을 추서 받았다. 평생 아버지를 원망하며 살았던 무남독녀 김후웅 여사는 아버지께 건국훈장이 추서되던 날, 아버지에 대한 존경과 회한을 담은 「우리 아배 참봉 나으리」라는 서간문을 발표했다.

"… 그럭저럭 나이 차서 십육 세에 시집가니, 청송 마평 서 씨 문중에 혼인은 하였으나 신행(혼행)날 받았어도 갈 수 없는 딱한 사정, 신행 때 농 사오라 시댁에서 맡긴 돈 그 돈마저 가져가서 어디에 쓰셨는지? 우리 아배(아버지) 기다리며 신행 날 늦추다가 큰어머니 쓰던 헌 농을 신행 발에 신고 가니 주위에서 쑥덕쑥덕 그로부터 시집살이 주눅 들어 안절부절, 끝내는 귀신 붙어왔다 하여 강변 모래밭에 꺼내다가 부수어 불태우니, 오동나무 삼층장이 불길은 왜 그리도 높던지 새색시 오만간장 그 광경 어떠할꼬? 우리 아배 원망하며 별난 시집 사느라고 오만간장 녹였더니, 오늘에야 알고 보니 이 모든 것 저 모든 것 독립군 자금 위해, 그 많던 천석 재산 다 바쳐도 모자라서 하나뿐인 외동딸 시댁에서 보낸 농

값 그것마저 바쳤구나. 그러면 그렇지 우리 아배 참봉 나으리, 내 생각한 대로 절대 남들이 말하는 파락호는 아닐진대…."(출처:『독립유공자 공훈록』, 인터넷 펌글).

대한민국 응급의료계의 별 윤한덕

• 고(故) 윤한덕 중앙응급의료센터장 빈소 조문 행렬 _____ 출처: 연합뉴스

설 연휴 근무 중 숨진 국립중앙의료원 윤한덕 중앙응급의료센터장(51)이 2018년 12월 센터장에서 사직 의사를 표현했던 것으로 알려졌다. 고 윤 센터장과 25년 지기이자 선후배 사이인 충남대 응급의학과 유인술 교수는 8일 CBS라디오 '김현정의 뉴스쇼'에 출연해 "(윤 센터장이) 작년 말에 센터장이라는 행정업무는 내려놓고 이제 팀장으로서 응급의료의 전문적인 부분에 따라 연구하고자 하는 부분만 좀 해 보겠다고 해서 국립의료

원 원장한테 12월 말일 자로 중앙응급의료센터장 자리를 사직하겠다는 의사를 표현했던 걸로 알고 있다."면서 "제일 안타까운 것은 누군가 그 역할을 할 사람이 있어야 되는데 그 역할을 할 사람이 지금 아무도 없다는 것이 제일 지금 두렵다."고 말해 안타까움을 줬다.

윤 센터장은 병원 내 사무실에서 숨을 거둔 채 발견됐다. 검안의에 따르면 현재까지 윤한덕 센터장의 사망 원인은 심장마비로 알려졌다. 각계에서는 열악한 응급의료 현실에 맞서 환자가 우선인 의료현장을 꿈꾼 그의 사망 소식에 안타까움을 금치 못했다. 유 교수에 따르면 윤 센터장은 평소 피곤한 모습이 다소 비쳤지만 특별히 아픈 부분은 없었던 것 같다고 전했다. 유 교수는 "제가 알기로는 특별히 위장약 먹는 거 외에는 어디 아프다. 그런 건 없었고 항시 피곤에 찌들어 있는 그런 모습은 봤다."라며 "(건강 이상에 대한) 전혀 이런 일이 생길 거라고는 예상을 하지 못했던 그런 상황이다."고 밝혔다. 다만 그는 "(윤 센터장이) 한 달에 집에 한 서너 번 갈까 말까 하면서 거의 노숙자 침대 같은 그런 좁은 방에서 거기서 먹고 자고 밤새도록 일하고 그러니 맨날 (피곤에) 찌들어 있지 않았겠냐?"라고 반문했다.

그는 우리나라 응급의료에 대한 거의 모든 부분에는 윤 센터장의 '손때'가 묻어 있다고 설명했다. "네디스NEDIS(국가응급진료정보망)라든지 외상센터라든지 닥터헬기라든지 이런 것들보다 윤 센터장의 가장 큰 업적은 이런 일이 전부 가능하게 만든 건 예산이었다."라고 운을 뗐다. 이어서 "(윤 센터장은) 국회를 쫓아다니면서 왜 이런 예산이 필요하고 설득하고 해서 응급의료에 필요한 모든 사업을 할 수 있는 그 기반을 마련한 것. 그것이 저는 제일 큰 역할이라고 생각한다."고 강조했다. 그러면서 그는 "대한민국 전체 500개가 넘는 응급의료기관하고 또 재난이 생기면 소방이 출동할 때 의료진도 같이 보내야 되고 하는 이런 모든 것을 총괄하고 그러다 보니까 낮에는 회의나 그런 데 참석하고 국회나 그런 데 쫓아다니면서 또 설득하고 나머지 해야 될 여러 가지 서류 작업 이런 것들은 밤에 해야 되지 않았겠냐?"면서 "그러다 보니까 집에 갈 틈이 없고 계속 그 생활이 10년 넘게 계속 반복된 것"이라고 덧붙였다(출처: "우리나라 응급의료에는 윤한덕 선생의 '손때'가 묻어있다." 『파이낸셜뉴스』 2019.2.8.).

아주대병원 권역외상센터장 이국종 교수는 2월 10일 윤한덕 센터장 영결식 추도사에서 아주대병원에 배정돼 곧 운행할 닥터헬기가 윤 센터장과 함께할 것이라고 말했다.

▎ 이국종 센터장의 윤한덕 센터장 영결식 추도사 일부

저희가 도입하는 응급의료 헬리콥터 내에는 선생님의 비행복을 항시 준비 할 것이며, 선생님이 타 기체와 혼동하시지 않도록 기체 표면에는 선생님의 존함과 함께 Call sign인 "Atlas"를 크게 박아 넣을 것입니다. 선생님께서 반드시 저희와 함께 비행하실 것으로 믿습니다. 저희들이 이륙하여 선생님께서 계신 곳으로 가파르게 상승해 올라갈 때 선생님께서 계신 고도를 알려 주시면 저희가 순항고도를 맞추도록 할 것이며, 저희들이 환자가 있는 바로 그 상공에서 두려워하지 않고 강하할 수 있도록 용기를 주시기 바랍니다. 저는 선생님께서 저희들이 갑자기 불어 닥친 운무나 연무 속에서 길을 잃지 않도록 도와주실 것이고, 생명이 꺼져가는 환자를 싣고 비행할 때 정확한 술기術技를 행할 수 있도록 저희들의 떨리는 손을 잡아 주실 것을 믿습니다.

헬멧이 녹아내리는 불길 속에서 3세 아이를 구한 소방관들

왼쪽 뺨에 2도 화상을 입은 박동천 소방장은 "주변에서 '애썼다' '고생했다'고 많이 칭찬해 주시니 힘이 난다."고 말했다. 그는 아이 구조 당시 선두에서 최재만 소방장과 화재진압과 구조대원 엄호를 맡아 헬멧이 녹아내리는 불길 속에서도 호스를 놓지 않고 구조대원의 길을 열었다. 뺨에 화상을 입었음에도 "계속 치료하고 잘 관리하면 흉터 없이 잘 낫지 않겠느냐?"며 웃었다. 아이를 안고 나왔던 김인수 소방위는 "무조건 구해야 한다는 생각뿐이었다. 아이를 든 순간 아이가 축 늘어졌고, 그 뒤로는 어떻게 4층에서 밖으로 빠져나왔는지 기억도 나질 않는다."며 긴박했던 순간을 설명했다. 김 소방위는 "다른 소방관들이라도 정말 그런 상황에서는 나와 같은 심정으로 구했을 것"이라며 "다른 대원들도 정말 고생이 많았다."고 쑥스러워했다(출처: "세금도 아깝지 않은 소방관들에 치킨·피자 선물한 시민들", 『연합뉴스』 2018.10.30.).

2018년 10월 30일 홍천소방서에 따르면 지난 29일 오후 5시 30분쯤 소방대원들 앞으로 치킨과 피자가 한가득 배달됐다. 이날 오후 '소방 영웅들' 기사를 접한 한 서울 시민이 고마운 마음을 담아 대원들에게 선물한 것이다. 홍천의 치킨, 피자가게에 전화 주문을 넣은 이 시민은 자신의 이름이나 연락처도 남기지 않았다. 소방대원들은 "너무나 감사하고,

눈물이 난다."며 이름 모를 시민에게 감사한 마음을 전했다(출처: "눈물이 납니다"…익명의 시민들에게 선물 받은 소방관들의 답장,『중앙일보』2018.10.30.).

• 화마와 싸운 흔적   • 화재현장에서 아이를 구조한 소방대원

_____ 출처: 홍천소방서(hc119.gwd.go.kr) 홈페이지 포토뉴스

수색작전 중, 북한지뢰에 다리를 잃은 부사관

----

1 ___ 북한 목함지뢰 폭발

2015년 8월 4일 우리나라의 국군 장병들이 경기도 파주시 군사분계선 비무장지대DMZ에서 수색작전 중, 우리 측 비무장지대에 매설된 목함지뢰가 폭발하면서 우리 군 부사관 2명이 심각한 부상을 입었다. 목함지뢰가 폭발하면서 소통문을 지나려던 하재헌(21) 하사가 두 다리를 잘렸고, 하 하사를 구해 후송하려던 김정원(23) 하사도 지뢰를 밟아 오른쪽 발목을 잃었다. 목함지뢰는 북한군이 군사분계선을 몰래 넘어와 매설한 것

으로, 우리 군은 사고 현장에서 수거한 각종 폭발물 잔해를 정밀 분석하고, 잔해가 북한의 목함지뢰에 사용되는 용수철과 공이, 송진이 발라진 나무인 것으로 확인했다.

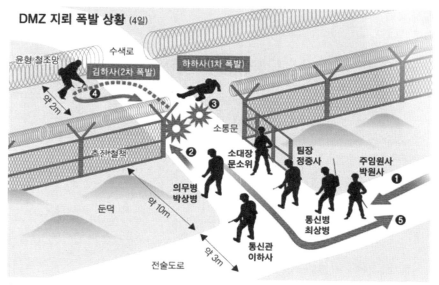

① 7시28분 수색작전 병력(8명) 현장 도착
② 7시33분 선두대원(김모 하사) 통문 통과 후 왼쪽 5미터 지점서 전방경계
③ 7시35분 2번째 대원(하모 하사) 통문 통과 중 1차 폭발, 하 하사 우측 무릎 위·좌측무릎 아래 절단
④ 7시40분 팀장(정무 중사)이 통문 넘어가 전방경계, 김 하사 등 3명이 하 하사를 통문 넘어 남측으로 후송하던 중 2차 폭발, 김 하사 우측 발목 절단
⑤ 7시50분 우리군 GP병력 도착해 환자(김 하사, 하 하사) 후송

出처: "DMZ 목함지뢰 매설 사건", 나무위키

2 ___ 하 하사 "피해자 또 생기면 안 돼… 북한 도발 말아야"

파편 제거와 피부 이식 등 10여 차례의 크고 작은 수술을 받은 하 하사는 젊고 건강하기에 빨리 회복해 군에 복귀하겠다며 시민들에게 감동을 줬다. 중환자실에 있는 하 하사는 뉴스를 통해 남북 고위급 접촉 진행 상황을 전해 듣고 자신의 SNS에, "두 번 다시 나와 같은 피해자가 생기면 안 된다. 북한은 더 이상의 도발을 하지 말아야 한다."라는 글을 남기기도 하였다.

3 ___ 하 하사를 구하다 한쪽 다리를 잃은 김정원 하사

"(폭발 당시) 간부들도 많았는데 병사들도 둘이 있었습니다. 그들이 안 다쳤다는 것을 천만다행으로 생각하고…." 김 하사도 지난 24일 조카와 활짝 웃으며 함께 찍은 사진을 SNS에 올렸다. 나라를 위해 자신을 희생한 두 부사관의 의연하고 밝은 모습에 네티즌들은 빠른 회복을 기원했다(출처:『MBN 뉴스』2015.8.26.).

4 ___ 하재헌·김정원 하사, 아픔 이겨내 시구, 시타

2016 타이어뱅크 KBO리그 프로야구 넥센 히어로즈-LG 트윈스 전이 24일 잠실야구장에서 진행됐다. 2015년 8월 비무장지대DMZ에서 북한군 목함지뢰 도발로 부상을 당해 치료 후 군에 복귀한 하재헌*, 김정

---

* 하재헌 중사가 2019년 1월 31일 전역하고, 패럴림픽(Paralympics 국제 장애인 올림픽) 금메달을 목표로 국가대표 조정 선수로서 제2의 인생을 새출발했다.

원 하사가 프로야구 시구와 시타에 나섰다. 김정원 하사가 시타를 하던 중 박재욱 포수에게 질문을 하고 있다. 두 장병은 각각 오른쪽 다리와 두 다리가 절단되는 큰 부상을 입었지만 좌절하지 않고 힘든 치료와 재활과정을 강한 의지로 이겨냈다. 현재 의족을 착용하고 두 다리로 걸을 수 있는 상태로 두 명 다 부대로 복귀해 임무수행 중이다(출처: 『일간스포츠』 2016.6.24.).

제6장

영혼이 있는 묵공

공직 / 국민 / 한국 / 세계 / 평화

우리나라엔 진짜 급행료가 있다

대학을 졸업하고 8년간 다닌 회사에서 경기 불황으로 정리해고를 당했지만, 집에 있는 두 아이와 아내를 생각하니 하루도 쉴 수 없었다. 여기저기 지원서를 넣고 열심히 면접을 보러 다녔지만 반년 가까이 일자리를 얻지 못했다. 혼자서 고민도 많이 하고, 아내와 상의도 한 끝에 이렇게 구직이 힘들다면 내 사업을 시작하기로 하고, 사무실 단장을 마치고 개업 고사를 지냈다. 이전 회사 동료들, 당시 거래처 직원들, 그리고 친구들까지 꽤 많은 사람들이 와서 사업이 번창하기를 기원하며 막걸리를 한잔씩 했다. 손님으로 오신 분들 중에 나를 신뢰해 주신 거래처 사장님도 계셨다. 그분께서는 내 사업의 첫 고객이 되겠다며 다음 번 베트남 물량

을 나에게 맡겨 주시겠다고 했다. 물량이 크고 적지 않은 금액이라 계약 날짜만 지켜준다면 앞으로도 계속 거래를 하시겠다고 했다. 나는 감사하다는 말밖에는 할 말이 없었다. 미리 받아놓은 거래처 일감이 있었기 때문에 사업허가서가 한 달을 넘겨서 나오면 큰 낭패였다. 주변 사람들이 세상이 바뀌었어도 은근슬쩍 급행료를 쥐어주는 것이 일을 빨리 진행할 수 있고, 약간 미비한 서류가 있더라도 눈감아 줄 수도 있다고 했다.

서류를 접수하면서 담당자에게 인사를 했다. 그리고 다음 날, 백화점에 들러서 백화점 상품권을 구매해 지갑에 넣고 다시 구청으로 갔다. 어제 서류를 접수한 내가 다시 찾아오자 담당자는 무슨 일이냐고 내게 물었다. 나는 조용히 오늘 저녁 식사를 대접하고 싶다고 했는데, 해당 주무관의 얼굴 표정이 좋지 않았다. "저희는 식사 대접 같은 것 받지 않습니다. 미비한 서류가 있거나 보충할 내용이 있으면 연락을 드릴 테니 돌아가서 기다려 주세요." 냉정한 주무관의 반응에 당황해서 얼굴이 빨개졌다. 당혹스러워서 대충 인사를 하고 구청을 빠져나왔다.

애를 태우던 3주가 지나고 낯선 번호로 문자가 하나 왔다. 사업허가서가 나왔으니 찾아가라는 문자였다. 뛸 듯이 기쁘면서도 어리둥절했다. 보통 한 달은 걸린다는데 어떻게 3주 만에 나온 것인지, 그리고 주무관에게 그런 실수를 했는데 어떻게 이렇게 일이 잘 진행된 것인지 말이다. 문자를 받고 바로 서류를 찾으러 가서 주무관을 만났다. 서류를 건네주면서 주무관이 차 한 잔 하고 가시라고 하더니 내가 산다는데도 굳이 자신이 산다면서 구청 내 카페테리아(Cafeteria: 셀프서비스 간이식당)에서 커피를 사주었다.

저녁 식사나 하자는 말을 하면서 내 눈빛이 참 많이 떨렸다고 한다. 뭔가 불법적인 일을 저지르기 전에 망설이는 그런 눈처럼, 저녁 식사 초대를 단박에 거절한 주무관은 혹시 무슨 문제가 있는 것이 아닌가 싶어서 내가 신청한 서류를 오히려 더욱 꼼꼼히 검토했다고 한다. 모든 구비 서류를 완벽히 준비했고, 신청서도 잘 써서 놀랐단다. 가만히 있어도 제대로 될 일인데 왜 그랬는지 궁금해 했다. "저… 그게 주변에서 하도 급행료 이야기를 해서요. 우리나라엔 필요하다고." "구비 서류를 완벽히 갖추시고, 신청서를 오류 없이 써주시면 그게 진짜 빨리 처리할 수 있는 급행료예요. 담당 공무원을 믿고, 접수할 때 제출해야 할 서류만 완벽히 주시면 되요. 저희 주무관들이 처리하는 일이 많다 보니 서류가 미비한 사항은 보충을 해달라고 연락드리고 일자가 밀리는 일이 많거든요. 앞으로도 이번처럼 서류만 완벽히 준비하시면 처리 업무가 늦어질 일은 없을 테니까 걱정 마세요." 주무관 앞에서 나는 다시 얼굴이 붉어졌다. 민원신청자가 서류를 철저히 준비하는 것이 진짜 급행료라는 말에 진심으로 신뢰가 갔다. 나름대로 회사생활도 8년 하고 사회생활 경험이 적지는 않다고 생각했는데, 그동안 우리나라 공무원에 대해서 내가 참 많이 오해하고 있었다.

그날 저녁, 3주간 내 주머니에 들어 있던 백화점 상품권을 아내에게 선물했다. 아내는 놀라면서 이게 뭐냐고 했고 나는 그동안 있었던 일을 사실대로 말했다. 어쩌자고 그런 일을 했냐고 아내는 나를 나무랐다. 나는 다시는 그런 일이 없을 것이라고 아내에게 다짐했다. 그 뒤로 나는 대한민국 행정에 대한 신뢰도가 높아졌다. 관공서에 서류를 접수하거나 인허가 업무가 필요할 때, 내가 서류를 잘 준비하면 그게 가장 빠른 길이라는 것을 알기 때문이었다. 모르는 점에 대해서 질문하면 주무관들이 친절히 대답해 주었고, 그대로 서류를 준비하면 서류 처리가 늦어지거나 미뤄질 일이 없었다. 한 주무관이 나에게 준 진짜 급행료의 교훈은 평생 나와 함께 할 것이다(출처: 『청념 사연 수기 공모전 수상작품집』).

아빠, 우리 또 이사 가요?

책으로 쓰면 한 권은 될 법한 이야기는 18년 전으로 거슬러 올라간다. 청운의 꿈을 안고 갓 들어온 젊은 경찰관은 서울 역전파출소에 첫 발령을 받았다. 관할에 유곽^{遊廓}(창녀들이 몸을 팔던 집이 모여 있던 구역)이 있는데 명절이면 포주가 돈 봉투를 들고 왔다. 그때 파출소장(지구대장)님이 돈 봉투를 거절하시며 초임 순경에게 일장 연설을 하였다. "청렴은 공직자의 기본이고 비리 경찰은 교도소로 가는 지름길이오! 경찰관으로 재직하는 동안 청렴하게 근무한다면 절대 도중하차는 없을 것이다." 이후 근무하는 동안 무수히 많은 황금이 나를 유혹할 때마다 소장님의 말씀과 "절대 돈 받지 마라!"고 말씀하신 아버지의 유언에 따라, 내 모자에 "청렴결백"이라고 써놓고 근무 때마다 보면서 "내 인생은 내가 개척해 나가며 오직 청렴한 공직생활을 하자!"라고 굳게 다짐했다.

그래서인지 난 시골에 계신 어머니께 도움을 받지 않고 서울 마포구에 월세방을 얻고 혼자 자취를 하였다. 여동생의 소개로 만난 여자 친구와는 어느새 결혼을 앞두고 있었다. 하지만 순경으로 들어온 지 얼마 안 되어 결혼자금이 턱없이 부족하여 어떻게 해야 할지 며칠 동안 고민하였다. 얼마 후 야간근무 중 포주 부인을 '윤락행위'로 단속하게 되었고 단속 중 몸싸움이 있었다. 포주는 나에게 500만 원을 주면서 "사건을 봐주지 않으면 성추행과 독직폭행으로 고소하겠다."라고 협박했다. 현금 500만 원을 보는 순간 자꾸만 '결혼자금'이 떠올라 돈을 받고 싶었다. 돈을 받지 않더라도 포주를 형사 입건하지 않으면 마음은 편하나 직무유기가 되고, 내가 그 돈을 받으면 평생 공직생활 중 오점이 남고 포주에게 코가 꿰어 끌려다닌다는 것을 알고 있었기에 과감히 포주를 형사 입건하였다.

벌금 500만 원과 영업장 폐쇄 처분을 받을 것이 두려운 포주는 다음 날 아침 경찰서에 진정을 하였고, 법원에 "경찰관 처벌과 위자료 및 소송비 3천만 원을 배상하라."는 고소를 하였다. 재판 과정에서 상대방은 허위 목격자 진술서와 진단서를 제출하였고 변호사를 선임했다. 주위에서는 경찰관이 '독직폭행'으로 소송에서 패하면 구속된다고들 하였다. 경험이 부족한 초임 순경인 나는 너무 두려워서 그동안 모아 놓은 결혼자금과 은행대출로 변호사를 선임하였다. 지옥 같은 1년 동안의 기나긴 싸움 끝에 재판에서 이겼지만 상대방이 재산을 빼돌리는 바람에 재산 압류도 못하고 결국은 3천만 원을 날렸다.

결혼 날짜는 다가왔지만, 형편이 어려워 결혼을 미루자 여자 친구 부모님은 파혼을 선언했다. 그때 여자 친구가 울면서 말했다. "오빠, 난 부모님이 반대하는 결혼은 못해. 하지만 오빠가 형편이 될 때까지 기다릴게." 그 한마디에 용기가 났다. 은행대출이 어려웠던 시절 우연치 않게 만난 은행장님의 도움으로 대출을 받고, 그분의 소개로 서울 봉천동에 작은 월세방을 마련하여 2년 후 어렵게 결혼을 하였다. 달콤했던 신혼 생활도 잠시뿐 시골에 홀로 계신 노모의 지병이 악화되어 아내는 홀어머니를 모시자고 했다. 서울 은평구에 방 2칸짜리 월세방이 나와서 태어난 지 3개월 된 어린 딸과 이사를 갔고 집 근처에 있는 은평경찰서로 발령이 났다. 초임 순경 시절 포주와 기나긴 싸움 때문에 후유증이 남아 '스트레스성 척추염'이란 희귀한 병을 얻게 되었다. 설상가상으로 주인집 아주머니가 월세보증금을 올려달라고 했으나 지불할 돈도 없었다. 이대로 있다간 지금까지 힘들게 지켜온 청렴한 공직생활을 더 이상 버틸 자신이 없었다. 그런 나를 안타깝게 지켜보던 직장 동료가 경기도 의정부에 유명한 한방병원이 있다고 하였다.

나는 또다시 팔십이 다 된 병든 노모와 처 그리고 두 딸과 한번도 가보지 못한, 낯선 경기도 동두천으로 이사를 갔고 연천경찰서로 발령이 났다. 척추염을 치료하기 위해 3개월 가량 병원에 입원하고 3년 동안 치료를 하였으나 결국 완쾌되지 못하고 목과 어깨는 점점 더 아파서 잠을 이루지 못할 정도로 고통스러웠다. 병원 의사가 강원도 원주에 유명한 한 의사가 있다고 하였다. 난 또다시 갓 태어난 막둥이 아들과 함께 강원도 원주로 이사를 가야만 했다. 이사를 한다는 얘기를 들은 큰딸이 나에게 "아빠, 우리 또 이사 가요?"라고 말했다. "응, 원주는 교육의 도시야. 여기서는 제대로 공부를 할 수가 없어."라고 거짓말을 했다. 우리는 대가족이라서 월 55만 원짜리 큰 방으로 이사를 하고 횡성경찰서로 발령을 받았다.

세월은 흘러 겨울이 지나가고 얼어붙은 내 가슴속에도 따스한 봄이 찾아오고 있었다. 이곳 횡성경찰서에서 근무한 지 5년이 넘었다. 어려운 형편이었지만 불우이웃을 돕고 때때로 혼자 계시는 어르신께 보약을 건네기도 했다. 그것 때문인지 경찰서에서 발간하는 홍보 책자에 내 이야기가 실렸다. 경찰로 근무한 18년 동안 경찰서 일곱 곳을 옮겨 다녔고, 다섯 번 이사를 했다. 아픈 몸에도 불구하고 400여 명의 범죄자를 검거하여 지휘관 표창장을 37개 받았고 열심히 근무했으나 승진을 하지 못했는데 '청렴'을 지켜온 덕분에 경위로 승진을 하였다.

아내는 "그동안 힘든 일만 있었는데 이젠 좋은 일만 있을 것 같네요." 라고 말했다. 어머니께서도 "지금까지 힘들게 청렴을 지켜 온 결과"라고 하시면서 매우 기뻐하셔서 나 역시 마음이 뿌듯했다. 나를 괴롭히는 병과 싸움은 계속되지만, 앞으로 얼마 남지 않은 공직생활 동안 나의 청렴도 계속될 것이다. 그 이유는 단 하나, "내가 바로 서야 국가가 바로 서기 때문"이다(출처: 『2015년 청념 사연 수기 공모전 수상작품집』).

부패와 비리의 끝에서
----

1 ___ 신입직원, 기부금 횡령 사건의 한가운데 서다

지방경제신문사 취재기자 생활을 접고, 일 년 가까이 백수생활을 전전했다. 우연치 않게 한 사립대학 홍보실에서 직원 채용공고가 나와 용기를 내어 지원했다. 미취업 상태가 길어질수록 입사지원서를 낼 때는 용기가 필요하다는 한 선배 백수의 이야기가 생각났다. 대학 직원으로 맡은 업무는 그다지 어렵지 않았다. 대학의 주요한 이슈를 발굴해 보도 자료를 만드는 등 대학 홍보 업무가 나의 일이었다. 그리고 또 한 가지, 발전기금을 접수 관리하는 업무를 맡았다. 곡절은 있었지만 1년간의 수습기간은 순탄했다. 사건은 정규직 직원으로 발령장을 받고 나서 생겼다. 그 전까지는 수습기간이었으므로, 항상 보조 역할에 국한되었다. 사립대학의 발전기금은 흔히 기부금으로 불리는 돈이다. 장학금으로 써 달라고 하거나 대학 교육 발전에 기여하고 싶다는 뜻의 순수한 기부금부터, 대학과 거래하던 업체로부터 들어오던 일명 조건부 '꺾기'성 기부금, 대학 운영자의 눈에 들기 위한 '아부'성 기부금 등 종류도 다양하다. 타부서로 전출 발령을 받은 선임자는 후임자인 내게 발전기금이 접수되는 은행계좌를 3개월여 간 인계하지 않았다.

2 ___ 정직할 것인가, 묵인할 것인가?

선임자로부터 기부금 접수 계좌를 인계 받은 뒤, 난 말 못할 고민에 빠졌다. 5년여 간 발행된 기부금 영수증 내역과 기부금 수입 내역이 심각하게 불일치했기 때문이었다. 기부금 영수증은 발행이 되었는데, 해당 기부금은 대학의 수입으로 입금되지 않은 사례들이 여러 건 발견되었다. 명백한 횡령이었다. 평소 존경하고 믿었던 선임자의 불법행위를 알게 된 것이 개인적인 고민이었다면, 선임자의 불법행위를 무조건 "덮고 보자"는 식의 상급자들의 안일한 인식은 대학 안의 상습적이고 제도적인 고민거리였다. 게다가 나는 어렵게 정규직 발령을 받은, 대학행정의 경험이 일천한 신출내기였고, 사립대학의 행정은 "좋은 게 좋은 것"이라는 식으로 불법행위들을 공공연히 쉬쉬하는 분위기가 관행처럼 만연했다. 이러한 관행에 신출내기가 제동을 거는 것은, 앞으로 대학 직원으로서

순탄한 생활을 포기하는 것과 마찬가지였다.

3 ___ 양심과 두려움 사이에서

세 살배기 딸아이를 끌어안고 잠든 집사람 옆에서 몸을 뒤척이며 잠을
이루지 못했다. 일자리 잃은 가장의 부끄러운 모습을 또 보여줄 수도 있
다는 두려움을 떨쳐낼 수 없었다. 두려움의 끝에는, 작고 못난 양심이 똬
리를 틀고 있었다. 양심은 정직함을 무기로 나를 위협했다. 이00라는 분
이 계셨다. 대학의 사진촬영, 영상기록, 광고물 제작 업무를 맡고 있었
는데, 놀기 좋아하고 게으름 피기 일쑤인, 나이 지긋한 분이었다. 대학
에서 30년 가까이 직원으로 생활해 온, 대학의 살아 있는 증인이었다. 걱
정과 고민이 칼날이 되어 몸까지 피폐해질 즈음, 이분이 짧게 충고했다.

4 ___ 양심이 울리는 방향, 정직하고 행복한 삶

"너의 마음이 가는 방향, 그것이 네가 갈 길이다." 용기를 내라는 말이
었다. 고민과 걱정에 휘둘리지 말고, 양심에 맡기라는 말이었다. 사사
로운 인간관계에 매몰되어 진실을 외면한다면, 그것이 수십억 원의 경
제적 이득을 가져다준다고 하더라도 과감히 포기하는 태도가 용기 있는
삶의 자세라고 했다. 정직하고 행복한 삶이란, 그런 고뇌와 근심 속에서
용기 있는 자세를 가진 사람만이 누릴 수 있는 특권이라고 했다.

결단을 내렸다. 사건을 조사하라는 업무 지시가 내려졌다. 업무 담당
자가 문제 제기를 한 이상, 사건을 더 이상 무마할 수 없다는 판단을 내
린 상급자들도 조사에 응할 수밖에 없었다. 오히려 그들이 전임자의 비
위행위에 대해 하이에나처럼 자료를 뒤지고, 제보를 했다. 별도의 감사

팀이 투입되어 조사한 결과, 5년여 간 총 1억 5천여만 원이 횡령된 것으로 판단했다. 선임자는 집을 팔고, 사학연금을 해약하여 횡령액을 변제하고 퇴사했다. 조사 기간 동안 나는 한 달여에 걸쳐 고생을 했다. 단지 후임자라는 이유만으로 여기저기 불려 다니며 숱한 진술서와 조사서에 서명을 했다. 보통 사립대학은 문제를 일으킨 사람과 문제 있음을 지적한 사람 모두에게 징계를 내렸는데, 다행인지 불행인지 내게 징계위원회에 출석하라는 통보는 없었다. 다만 다른 직원들로부터, 선임자를 퇴사하게 하였다는 질시와 은밀한 야유만이 등 뒤로 쏟아졌다. 그리고 사건 무마를 종용했던 상급자들에게도 아무런 징계조치가 취해지지 않았다. 사건은 그렇게 덮이는 듯했다.

5 ___ 제도화되지 못한 청렴함의 한계

그로부터 몇 년 후, 10억 원 가량의 횡령 사건이 또 발생했다. 이 사건은 결국 10억 원을 횡령한 직원이 스스로 목숨을 끊는 비극적 결말로 이어졌다. 내 선임자에 의한 횡령 사건이 그저 내부적으로 덮이는 데 그치지 않았더라면, 내부의 반성과 재발방지책이 제도적으로 시행되었더라면 하는 아쉬움이 다시 두렵게 엄습했다. 그렇지만 이번에도 대학은, 사건을 덮기 위한 미봉책만을 남발했다. 사립대학의 한계를 그대로 노출한 채 말이다. 만약 내가 겪은 그 사례에서, 대학이 철저히 반성하고 청렴하고 정직할수록 개개인이 발전하고 공동체 전체가 부흥될 수 있음을 각인시킴과 동시에, 유사 사례 방지책에 만전을 기했다면 10억 원 횡령과 횡령자 자살이라는 비극적 상황은 다시 연출되지 않았을 것이다(출처: 『2015년 청념 사연 수기 공모전 수상작품집』).

청주국제공항 면세점 폐업 위기 구제

----

1 ___ 사드 배치가 몰고 온 면세점 생존 위기

2016년 우리나라는 정치·외교적으로 크나큰 격동기를 맞았습니다. 특히, '사드 배치'라는 외교적 이슈가 경제에 미친 파장은 상상 그 이상이었습니다. 직격탄을 맞은 분야는 관광산업으로, 7월 8일 정부의 사드 배치 결정 이후 중국 관광객 수가 감소하더니, 2017년 3월 15일 중국 정부의 금한령(한국행 단체여행 판매 제한)이 노골적으로 시행되자 관광산업 전반이 휘청거렸습니다. 우리나라 내륙 중심부에 위치한 청주국제공항 관련 통계를 살펴보면, 중국 대상 관광산업이 활기를 띠던 2016년 1월부터 7월까지 국제선 운항편수가 총 1,283편으로 출국자는 17만 7,800여 명에 달했습니다. 하지만, 사드 배치 이후 공항 풍경은 확연히 달라졌습니다. 2017년 1월부터 7월까지 국세선 운항편수가 503편에 그쳐 전년 대비 60.8% 하락했으며, 국제선 이용 출국자도 6만 1,000여 명으로 65.7% 급감했습니다. 공항이 침체기에 빠지자 공항 안에서 영업 중인 면세점에도 그 타격이 고스란히 전해졌습니다. 청주국제공항 면세사업자인 ㈜시티면세점은 사드 배치 이후 매출이 전년 대비 61.3% 감소했으며, 중국의 금한령이 본격화 된 2017년 4월에는 매출이 83.1%나 급락하는 등 최악의 상황으로 내몰렸습니다.

해결 기미가 보이지 않는 금한령과 매달 늘어나는 적자로 폐업 위기에 직면한 시티면세점은 한국공항공사에 임대로 감면을 요구했지만 임대차 계약서상 임대료 조정이나 인하가 불가능하다는 답변만 되돌아왔습니다. 궁여지책으로 시티면세점은 2017년 4월 3일 국민권익위원회(이하 권익위)에 민원을 접수하고, 6월 27일에는 '차임증감청구권(민법 제628조)'을 근거로 하여 한국공항공사를 상대로 면세점 임대료를 감면해 달라는 소송도 제기하였습니다. 차임증감청구권이란 임대료를 약정한 후 임대한 건물의 조세, 공과금, 그 밖의 부담금 증감이나 기타 경제 사정의 변동으로 약정한 임대료가 적절치 않을 때 임대료 증감을 청구할 수 있는 권리입니다.

2 ___ 중소기업과 공공기관의 접점 찾기

시티면세점의 민원을 접수한 권익위는 사드 배치라는 정부 정책으로 인한 불가항력적 손해를 기업이 전부 감수하는 것은 지나치다고 판단하고 본격적인 조정에 돌입했습니다. 권익위는 우선 한국공항공사의 입장을 경청했는데 크게 두 가지 이유로 임대료 감면에 부정적이었습니다. 첫째, 임차인은 영업환경 변화 등의 이유로 임대료 조정이나 인하 요청을 요구할 수 없다는 임대계약서 조항이 중재를 가로막았습니다. 둘째, 한국공항공사가 관리하는 공항은 모두 14곳으로 청주국제공항 면세점의 임대료를 감면해 줄 경우 다른 공항과 형평성 시비가 발생할 수 있다는 것이었습니다.

권익위는 상식적인 접점을 찾고 공공기관에는 조정의 근거를, 민원인에게는 고충 해결의 길을 마련해 주고 있습니다. 청주국제공항 면세점 민원도 이 같은 시각으로 접근하기 위해 권익위는 면밀하게 자료를 검토하였습니다. 한국공항공사가 관할하는 14개 면세점 임대차계약서를 비롯해서 청주국제공항의 사드 배치 전후 공항 이용현황, 면세점 매출액 등 관련 자료를 모두 살펴봤습니다. 이 과정에서 권익위는 청주국제공항 면세점만의 특이점을 찾아내 임대료 감면 근거를 마련하는 한편, 면세점 계약서의 문제점을 발견해 개선안을 권고하기에 이릅니다. 우선 권익위는 청주국제공항 면세점이 국제선 출국장 이용객만 이용할 수 있는 구조이고, 청주국제공항 국제선은 중국 노선이 유일하기에, 면세점 매출은 중국노선 이용 승객과 절대적인 상관관계가 있다고 파악하였습니다. 따라서 공항면세점과 시내면세점을 함께 운영하는 타 면세점과 입장이 다르며 국내선과 국제선 이용객을 고객으로 하는 다른 공항 여느 상업시설과도 차별성이 존재해 사드 배치로 인한 임대료 감면이 타당성을 갖는다고 판단했습니다.

또한 권익위는 한국공항공사의 표준임대차계약서를 검토하던 중 임차인에게 불합리한 조항도 발견해 시정을 권고했습니다. 기존 계약서상 임대료는 매월 일정액을 납부하는 고정 임대료 외에 임차인의 매출이 일정 금액을 초과 달성할 경우 일정 요율을 적용해 추가로 납부하는 추가 임대료(변동 임대료)로 구성되어 있습니다. 문제는 임차인의 매출이 감소할 경우에는 임대료 변동률이 적용되지 않는다는 점입니다. 이에 한국공항공사 표준임대차계약서의 변동 임대료를 영업이익 증가는 물론 감소 상황에도 적용할 것을 권고했습니다.

3 ___ 면세점 민원 해결이 낳은 사회적 파급 효과

변화는 빠르고 실질적으로 나타났습니다. 한국공항공사는 다각적 지원책을 마련했으며, 그로 인한 파급 효과가 도미노처럼 퍼져나갔습니다. 우선 청주국제공항 면세점의 임대료를 30% 감면하고 감면 기간도 면세점 매출이 전년 대비 90%까지 회복하는 시점으로 합의했습니다. 한

걸음 더 나아가 이번 조정을 계기로 국토교통부는 전년 대비 국제선 여객이 40% 이상 급감한 공항 면세점과 상업시설 사업자의 임대료를 연말까지 30% 감면하는 긴급 지원책을 내놓았습니다. 두 번째로 한국공항공사 표준임대차계약서에 매출 증감에 따라 임대료를 탄력적으로 조정하는, 매출액 연계 영업요율 방식을 적용하기로 했습니다. 실제로 2017년 12월 면세사업자 입찰을 진행한 양양국제공항은 개선된 표준임대차계약서를 체결한 첫 사례입니다. 권익위는 일차적 민원 해결에 만족하지 않고 표준임대차계약서까지 개선해 사회 공공성 실현에 기여한 것으로 기업 구제를 넘어 사회 정의를 바로 세웠습니다. 끝으로 정부 정책으로 부도 위기에 빠진 기업을 구제함으로써 직원들의 해직 위기까지 막을 수 있었습니다. 계약이나 법률을 바로잡는 것을 넘어 한 기업, 한 개인의 생존권을 지킨 사례입니다(출처: 『사례로 보는 기업고충 해결 이야기』).

5년간의 분쟁, 5개월 만에 해결: 하남수산물상인조합 생계대책 지원
----

1 ___ 내 가게 마련의 꿈

도시나 주택 개발이 추진될 때 사람들은 새집, 새 가게, 새 보금자리를 꿈꿉니다. 2010년 6월 경기도 하남미사지구 보금자리사업이 진행되자 해당 지역에서 수산물 노점을 꾸려온 영세 상인들은 드디어 내 가게가 생긴다는 기대에 부풀었습니다. 하지만, 약 5년여가 지난 2015년 12월 21일 하남수산물상인조합(이하 조합)은 산산조각 난 꿈을 부여잡고 권익위를 찾았습니다. 2010년 한국토지주택공사(이하 LH)는 하남미사지구 보금자리사업을 실시하면서, 수산물 영세 상인들에게 생계대책을 제공했습니다. 영세 상인들이 한데 모여 장사할 수 있도록 수산물 센터 설립 부지를 한정 입찰 방식으로 상인들에게 공급하는 것입니다. 이에 상인들은 조합을 구성하고 십시일반으로 돈을 모아 입찰 보증금 51억 원을 납부해 입찰 낙찰자로 선정됐습니다. 조합원들은 51억 원이라는 큰 돈을 준비하려고 평생 모은 돈을 내놓는가 하면 금융권 대출을 받기도 했습니다. 하지만, 수산물 센터를 지으려면 넘어야 할 산이 많았습니다. 당장 잔여 계약금 50억 원을 추가로 장만해야 했고, 센터 건설비용도 만만치 않았습니다. 조합은 궁리 끝에 대형 건설사와 업무협약을 체결했습니다.

업무협약 내용은 건설사가 향후 발생 비용을 충당하는 대신 센터 상층부의 분양권을 갖기로 한 것입니다. 모든 과정이 순조롭게 흘러가던 순간 뜻하지 않은 변수가 발생했습니다. 인근 주민들이 주택단지 옆에 수산물 센터가 들어서는 것을 강력히 반대했고, 민원에 부딪힌 건설사는 급기야 업무협약을 파기했습니다. 계약 체결일은 다가오는데 조합은 50억 원에 달하는 잔여 계약금을 장만할 길이 없었고, 끝내 계약을 체결하지 못했습니다. 더 큰 문제는 우리나라 법률상 입찰 낙찰자의 귀책사유로 최종 계약이 무산되면 입찰 보증금은 국고로 귀속된다는 것입니다. 즉, 조합이 LH에 납입한 입찰 보증금 51억 원마저 돌려받을 수 없게 됐습니다.

2 ___ 법의 사각지대로 내몰린 영세 상인들

상황이 점점 악화하자 조합원들은 입찰 보증금을 돌려받기 위해 LH,

경기도청, 하남시청 등을 찾아가 호소했습니다. 관계기관들 역시 법의 테두리 안에서 달리 손쓸 방도가 없었습니다. 번번이 방법이 없다는 대답에 가로막힌 조합원들은 당장 생계가 위협받을 만큼 경제적·심적 충격이 커졌습니다. 의지할 곳 없던 조합원들은 최후의 방어로 공급예정토지에 가건물을 세우고 농성을 이어갔고, 관계기관은 불법 가건물 철거 소송을 제기하는 등 갈등은 극으로 치달았습니다. 5년간의 날 선 대립이 계속되자 조합은 마지막 지푸라기를 잡는 심정으로 권익위를 찾았습니다.

2015년 12월 21일 상인들을 처음 만난 권익위 담당 사무관은 그들의 딱한 처지를 들을수록 안타까움에 가슴이 떨렸다고 당시를 회상합니다. "조합원 대부분이 영세한 상인입니다. 입찰 보증금을 내려고 평생 모은 돈을 내놓은 가장, 은행에서 대출까지 받은 할머니 등 개개인의 사정이 너무 딱했어요. 이번 민원은 상인들의 잘못이 아닌 뜻하지 않은 변수와 법의 맹점으로 인한 것이기에 어떻게든 조정 방법을 찾아보자고 결심했습니다." 권익위의 존재 이유 중 하나가 법의 사각지대에서 고통을 받는 국민을 돕기 위한 것인 만큼, 권익위는 즉각 조사에 착수했습니다. 민원 접수 다음 날 관계기관에 관련 서류 일체를 요청했으며, 현장에 직접 찾아가 조합원들과 소통하고 현장을 살폈습니다. 이후에도 수십 차례 조합원 회의와 현장조사를 실시했습니다. 조사 초기에는 조합원 120여 명이 저마다의 처지와 기대 사항을 주장한 터라 조합원 간의 통일된 의견을 모으는 일도 난제였으며, 관계기관들도 법과 제도를 이유로 협의에 난색을 표현했습니다.

3 ___ 갈등을 화해로 뒤바꾼 창의적 해결 방법

'도끼를 갈아 바늘을 만든다.'는 고사성어 '마부작침磨斧作針'은, 아무리 어려운 일이라도 꾸준히 노력하면 이룰 수 있다는 의미입니다. 권익위가 조합 민원을 해결해 나간 과정은 도끼로 바늘을 만드는 것처럼 지난한 시간이었습니다. 권익위는 5년간의 정황을 하나하나 되짚었고, 다양한 법률과 사례를 검토하면서 드디어 절묘한 묘수를 찾아냈습니다. 권익위가 제안한 조정안은 조합과 관계기관 모두 수긍할 수 있는 매우 이례적이고 창의적인 해결책이었습니다.

해결 방안은 크게 세 가지였습니다. 첫째, LH에 공급 무산된 토지 대신 기업 이전 대책의 후속방안으로, 사업지구 내 근린상업용지를 조합원 각자에게 20㎡씩 제공할 것을 제안했습니다. 이 과정에서 LH는 해당 토지를 공시지가로 제공하고, 조합은 이를 시세가로 되팔아 차액 29억 원을 보전받았습니다. 둘째, 남은 차액은 LH와 조합의 민사소송으로 해결하는 방법을 제안했습니다. 우리나라 민사소송은 본격적인 소송에 앞서 '제소전화해提訴前和解(이하 화해)' 과정을 거칩니다. 이는 소송을 제기하기 전 당사자들이 판사 앞에서 화해 조정 과정을 거치는 제도로, LH가 51억 원을 모두 반환하는 것은 법률상 불가능하지만 화해를 이용하면 일정 금액을 조정해 돌려받을 수 있을 뿐만 아니라, 반환 과정의 법률적 근거까지 마련할 수 있는 기발한 방안이었습니다. 마지막으로, 조정 과정에서 근린상업용지 제공에 동의해야 하는 경기도청과 하남시청이 행정절차에 적극적으로 협조할 것을 유도해 국민과 공공기관 사이의 신뢰를 회복시켜 나갔습니다. 조정안은 순차적으로 이행돼 2017년 11월 28일 법원의 화해까지 마무리됐습니다. 장장 5년간의 분쟁이 5개월 만에 드디어 해결 방안을 찾았습니다(출처:『사례로 보는 기업고충 해결 이야기』).

'긴급차량 우선 교통신호 연동시스템' 구축
----

1 ___ 배경

위급 상황에서 골든타임을 놓칠 경우 평균 사상자수는 1.47배, 피해액은 3.63배 증가합니다. 2016년도 충청북도 소방차 5분 이내 현장도착률은 66.2%에 그쳐 전국 8위에 머물렀습니다. 또한 최근 5년간 '신속한 현장도착'을 위해 불가피하게 신호위반, 중앙선 침범을 하는 등의 교통법규 위반 교통사고 발생건수는 소방차가 171건으로 전국 4위, 119구급차가 84건으로 전국 6위를 차지하여 연평균 사고 피해액이 1억 8천 7백만 원에 달하는 등 많은 어려움이 있었습니다. 이러한 문제를 해결하고 골든타임을 확보하기 위해 충북경찰은 충북도청과 협업하여 전국 최초로 소방차 골든타임 확보를 위한 '긴급차량 우선 신호제어시스템'을 도입·운영하게 되었습니다. 긴급차량 우선 신호제어시스템은 화재, 심정지 등 위급 상황이 발생할 때 교통정보센터에 파견된 소방관이 긴급차 출동 경로를 전달하면 신호제어시스템을 통해 출동 구간의 모든 신호등을 진행 방향으로 녹색그룹 연동 변경 후 CCTV모니터링을 통해 통과한 교차로의 신호를 정상신호로 변경하는 방식으로 운영됩니다. 첨단 교통신호 제어시스템을 통해 긴급차의 신속한 현장도착과 국민의 불편을 최소화하는 방법으로, 기존 시스템을 활용할 수 있어 전국 50여 개 교통정보센터에서 운영 가능한 장점이 있습니다.

2 ___ 추진 내용 및 과정

소방차의 신속한 현장 도착 및 교통사고 감소를 위해 교통신호 제어시스템 활용 방안을 충북소방본부에 제안한 후, 제어시스템의 적합성 판단을 위한 현장시범훈련실시, 제어시스템의 효과분석, 제어시스템 운영상의 문제점 등을 파악하기 위해 시범 운영을 실시하였습니다. 제어시스템의 시범 운영 결과와 도입 관련 시민공청회 개최 등 여론을 수렴하고 확대 시행한 결과, 평균출동시간 단축효과가 나타나 안정적 운영을 위해 충북경찰청과 충청북도청 간에 업무협약(MOU)을 체결하였습니다.

3 ___ 장애 요인 및 극복 방법

❶ 장애 요인

시스템 운영상 잦은 신호제어로 청주권 교통신호 연동 체계의 단절 등 신호체계 혼란과 시민에게 신호대기의 불편함을 줄 수 있다는 문제점이 있었습니다.

❷ 극복 방법

4월부터 실시한 시스템 시범 운영을 통해 연동단절 등 신호체계를 개선하고, 긴급차량 출동시 신호제어시스템 적용 기준을 설정(소방차 3대 이상 출동, 구급차는 심정지 환자 이송시만 운영)했습니다. 아울러 적극적으로 홍보 활동을 하면서 시민을 대상으로 여론조사 및 공청회를 개최하는 등 의견 수렴을 지속하였습니다. 이를 통해 운전자와 보행자의 91% 이상이 긴급차가 교차로를 통과할 때까지 기다려 줄 수 있다는 적극적인 동참

분위기와 성숙한 국민의식을 확인할 수 있었습니다.

❸ 홍보

적극적으로 홍보 활동을 전개하여 시민의 자발적·적극적 동참을 유도하면서 시민 불편을 최소화하는 데 주력했습니다.

4 ___ 주요 성과

시민의 생명과 안전을 지키기 위해 노력하여 총 135건(화재 83건, 구급 52건)의 긴급 상황을 지원하였으며, 소방차 출동시간을 3분 37초 단축하였고, 구급차 출동시간을 4분 17초 단축하였습니다. 또한 긴급차 출동 중 교통사고 발생 건수는 전년 동기간 대비 19건에서 10건으로, 사고 피해액은 7,917만 원에서 836만 원으로 7,081만 원이 감소하였고, 전국적으로 확대 실시할 때에는 연평균 20억 이상 피해액이 감소할 것으로 기대됩니다. 관련 분야 전문가, 언론, 시민단체에서도 시스템 도입에 긍정적인 반응을 보였습니다. 긴급차량 우선 신호제어시스템의 성공적 정착은 시민의 안전을 최우선으로 생각한 경찰의 적극행정과 이에 흔쾌히 동참해 주신 시민들의 배려 정신이 있었기에 가능한 일이었습니다. 앞으로도 경찰은 안전한 대한민국을 위해 항상 시민의 곁을 든든히 지켜드리는 동반자가 될 것을 약속드립니다(출처: 『2017년 적극행정 우수사례집』).

관광진흥법 개선을 통한 주민 일자리 창출

----

1 ___ 추진 배경

❶ 체류형 관광인프라 구축을 통한 주민 일자리 창출,
지역경제 활성화 도모

 관광객은 일정 장소에 머무는 시간에 따라 방문형과 체류형으로 나눌 수 있다. 부산의 낙후된 달동네 감천문화마을(부산광역시 사하구 소재)의 도시재생사업이 성공적으로 추진됨에 따라, 마을을 찾는 관광객이 급격히 증가하게 되었다. 그러나 감천문화마을에는 관광객을 위한 숙박시설이 없어, 단순 방문형 관광객으로 인해 주민과 마을에 주어지는 경제적 혜택은 미비하였다. 이런 문제를 해결하고자 마을 내 숙박시설을 조성하여, 체류형 관광지로 탈바꿈하여 주민 일자리를 창출하고 지역경제 및 상권을 활성화하기로 하였다.

❷ 과거 제도가 관광산업 활성화의 저해 요인으로 작용

 감천문화마을에서는 관련 법규상 내국인 대상 숙박시설 운영이 불가능하였다. 체류형 관광인프라 구축을 위해 숙박시설 건립 운영이 필수적이나, 도시 내 일반주거지역에서 숙박업 허용이 가능한 업종은 관광진흥법에서 '외국인관광 도시민박업(이하 외국인민박업)'만을 규정하고 있다. 즉, 외국인만을 대상으로 영업이 가능하였다. 하지만 감천문화마을 방문객의 60~70%가 내국인으로 외국인민박업에서 숙박할 수 없으며, 외국인은 주로 패키지형 단체여행으로 별도로 정해진 숙소를 이용하고 있어, 마을 내 숙박시설 이용수요가 낮아 사업의 실효성이 현저히

낮았다.

2 ___ 추진 내용 및 과정

❶ 외국인민박업 영업 대상을 내국인까지 확대 추진

관광진흥법 개정을 통해 도시 내 일반주거지역에서 내국인을 대상으로 하는 숙박영업이 가능하도록 추진하였다. 법령 개선의 필요성을 알리기 위해 수년간 수차례에 걸쳐 국무총리실, 행정안전부, 문화체육관광부 등 관련 기관에 의견을 전달하였다. 공론화(언론보도, 주민 설명회 등)를 통해 의견 수렴도 활발히 진행하였으며, 관련 용역을 실시하고 숙박시설을 조성하여 운영하는 등 4년간 지속적이고 적극적으로 노력하였다.

❷ 마을 공폐가를 활용하여 게스트하우스 조성

감천문화마을은 낙후된 달동네로 좁은 골목길, 불량 노후주택, 주차 공간 부족 등 숙박시설을 조성하기에는 열악한 환경이었다. 그래서 마을의 장기간 문젯거리였던 버려진 공폐가 4동을 헐값에 매입하여 리모델링을 통해 게스트하우스를 조성하였다.

3 ___ 장애 요인 및 극복 방법

❶ 법령 개선으로 초래되는 부작용

법령 개선으로 도시 내 일반주거지역에 무분별한 숙박영업이 허용되면 주거지의 상업화와 퇴폐화 등 부작용을 초래할 수 있어, 법령 개선 방향에 많은 고민을 하였다. 주거지역의 상업화와 퇴폐화를 방지하고, 직접 주민 일자리 창출에 기여하도록 하기 위해서, 마을기업(주민공동체)

이 외국인민박업을 운영하는 경우에만 내국인 대상 영업행위가 가능하도록 법령 개선을 추진하였다.

❷ 숙박시설 운영 경험이 없는 주민들

주민들은 숙박시설 운영 경험이 전무하여 시설 운영에 관한 역량이 부족해 일자리에 참여하기 곤란한 상황이었다. 이러한 문제는 마을대학과 관련 용역을 통해 숙박시설 운영에 관한 전문교육을 실시하여 주민들이 직접 시설을 운영할 수 있는 역량을 갖추도록 하였다.

4 ___ 주요 성과

❶ 관광진흥법 개선

관광진흥법이 개선되어 내국인을 대상으로 외국인민박업 영업이 가능해졌다. 2015년에 감천문화마을 '방가방가게스트하우스'가 문을 열고 지금까지 5년째 성공적으로 운영을 하고 있고, 현재 월 평균 250여 명이 이용하고 매월 3백만 원의 매출을 기록하는 등 성황리에 운영 중이다.

❷ 주민 일자리 창출 및 지역경제 활성화

숙박(여행)객 관리, 청소, 세탁, 조식 준비 등을 위한 4명의 일자리가 창출되었으며, 이용객이 늘어나면서 숙박시설 주변으로 새로운 상점들이 생겨났다. 그 결과 자연스럽게 지역경제 및 상권이 활성화되고, 간접적으로 5명의 일자리가 창출되기도 하였다.

❸ 새로운 일자리 창출의 법적 · 제도적 기반 마련

이번 법령 개선으로 전국 어디서나 감천문화마을 방가방가게스트하우스와 같은 시설운영이 가능해져 새로운 일자리 창출의 법적 · 제도적 기반이 마련되었다. 부산 동구에서 감천문화마을 사례를 벤치마킹하여 '이바구캠프'라는 숙박시설을 개설하였으며, 현재도 여러 지방자치단체의 벤치마킹이 이어지고 있다.

📶 감천문화마을

1950년대 6 · 25 한국전쟁 당시 피난민의 힘겨운 삶의 터전으로 시작되어 현재에 이르기까지, 민족현대사의 단면과 흔적인 부산의 역사를 그대로 간직하고 있는 곳 (출처: 『2017년 적극행정 우수사례집』).

음식점 주방 공동사용 확대

----

1 ___ 소상공인의 호소에 귀를 기울이다

우리나라의 식품관련 영업자는 100만 명을 초과하고 매년 10만 명 이상의 창업자가 시장에 진입하고 있기 때문에 식품 관련 규제를 개선하면 해당 식품 관련 영업자, 종사자 등에게 미치는 영향이 매우 크다. 식품 관련 규제는 영업 진입 장벽, 영업시설 기준요건, 영업자 및 종업원 준수사항, 취급 식품 안전관리 및 행정처분에 이르기까지 종류가 다양하고 그 영향력도 크다. 식품 관련 규제 개선은 곧 관련 업계에 대한 투자 활성화, 소득증대 및 경비 절감 등으로 이어져 관련 업계에 활기를 불어 넣고 경제 활력 회복의 밑거름 역할을 한다고 할 수 있다.

식품위생법에 따른 영업은 각 영업별로 시설 기준을 충족하도록 규정하고 있으며, 음식점 영업의 경우에도 적정 시설을 갖추도록 하고 있다. 음식점 시설 기준 중 조리장의 경우 가장 시설비용이 많이 들어 영업자들의 경제적 부담이 커지는 공간으로, 1명의 영업자가 여러 개의 음식점 영업을 하는 경우 제한적으로 사용할 수 있도록 적용 특례를 두어 왔다. 그러나 '같은 건물 안의 같은 통로를 출입구로 사용하는 경우'와 같이 해석이 모호하거나 '일반음식점 영업장과 직접 접한 장소에서 도시락류를 제조하는 즉석판매제조·가공업을 하는 경우' 등과 같이 매우 제한적인 경우에 한하여 조리장 공동사용을 허용하여 민원인의 많은 질의와 불만이 이어져왔다. 이에 식품의약품안전처는 소상공인의 호소에 귀를 기울여 불편을 해소하고 식품위생 및 안전과 무관한 규제는 과감하게 철폐한다는 기조로 규제를 적극 개선하고자 하였다.

2 ___ 음식점 공동조리장 확대 결정까지

음식점 공동조리장 허용은 어디까지나 예외 규정이다. 예외가 늘어날수록 본래 제도의 취지가 훼손되고 사전에 예기치 못한 부작용이 발생할 수 있다는 것이 규제 개선에 망설일 수밖에 없는 이유이다. 동일 건물 내에서 층을 달리하여 음식점을 영위한 경우 배달식으로 음식을 이동하여야 하므로 냄새 등 민원을 야기할 수 있다는 점과, 또 다른 예외 허용을 요구하는 빌미를 제공할 수 있다는 점 등이 우려되었다. 그럼에도 불구하고, 규제 개선으로 식품안전 및 위생에 중대한 영향을 끼치는지, 영업자 부담이 크게 줄어드는지 등을 종합적으로 고려하여 결정하고자 하였다.

또한, 반찬가게를 운영하는 즉석판매제조 · 가공업자가 음식점 영업을 함께하려는 경우에도 조리장 공동사용을 허락하여 달라는 요청에, 단순히 반찬에만 국한하여 조리장 공동사용을 허용하는 것이 아니라 다른 식품을 다루는 경우까지 대폭 개선하도록 하였다. 1명의 영업자가 여러 개의 음식점을 운영할 때, 같은 건물 내라면 조리장 공동사용이 가능하도록 규제를 완화한 것뿐만 아니라, 음식점과 바로 접한 반찬가게와 떡집 등 즉석판매제조 · 가공업과 조리장 공동사용이 가능하도록 규제를 완화하였다.

:: 식품위생법 시행규칙 일부 개정::

기존	개선
같은 통로를 출입구로 사용하는 경우에만 조리장 공동사용	같은 건물 내이기만 하면 조리장 공동사용
음식점과 즉석판매제조 · 가공업 영업소 간 벽이나, 칸막이 등으로 분리 구획	'선'만으로 구분도 가능하여 사실상 숍인숍(영업장내) 영업허용
도시락류의 경우에만 조리장 공동사용	식품 종류와 관계없이 조리장 공동사용

3 ___ 영업자의 경제적 부담은 덜고, 수익 증가

소상공인의 호소를 귀담아 듣고 규제 완화 등을 통해 문제해결에 적극적으로 매진한 결과, 조리장 공동사용 범위 확대를 통해 영업자의 조리장 설치비용(기계 설치비용, 인건비 등)이 약 5천만 원씩 절감되는 효과를 낳았다. 아울러 다른 종류의 음식점을 손쉽게 창업할 수 있게 됨으로써 추가 수익을 기대할 수 있게 되었다. 식품의약품안전처에서는 앞으로도 적극적인 자세로 국민들의 목소리에 귀를 기울이고 어려운 점은 시원하게 해소함으로써 건전한 식품 산업이 발전될 수 있도록 꾸준히 노력해 나갈 것이다(출처: 『2017년 적극행정 우수사례집』).

제4부

행공 幸公

신나게 행복해지는 공직자

공확행 公確幸

백성의 종이 여진족을 물리쳐 우리나라 지켰고,

파락호가 군자금 보내주어 독립운동 이어졌고,

응급의료계의 별이 죽을 때까지 의료 수준 개선하고,

소방관이 화마 속에 어린 생명 구해냈고,

부사관이 불철주야 경계하여 국민들이 편안하게 지내니,

이 모든 것이 공직에 근무하는 보람일진대 어찌 공확행하지 않겠는가?

● 이 시詩는 제5장에 나오는 진정한 묵공 영웅들을 소재로 그들의 정신을 이
어받고, 공직자들이 묵공(묵묵히 열심히 근무하는 공직자)과 행공(신나게 행복
해지는 공직자)이 되기를 바라는 심정에서 저자가 「공확행(공직자가 확실한 행
복을 누리는 것)」이란 제목으로 지은 자유시.

────── 난초는 사군자(매화, 난초, 국화, 대나무)의 하나로 시와 그림의 소재로
많이 등장하고 있고, 청결한 군자의 성품과 두터운 우정 및 자손의 번창 등을
상징.

● 사진: 제주 한란(濟州 寒蘭) / 출처: 한국민족문화대백과

제7장

일상에서 느끼는
역발상 행복

공직 / 국민 / 한국 / 세계 / 평화

스트레스 속에서 스트레스를 날려보내는 비밀

일반 사전에는 스트레스Stress란 생체에 가해지는 여러 상해 및 자극에 대하여 체내에서 일어나는 반응이라고 하고, 심리학용어사전에는 인간이 심리적 혹은 신체적으로 감당하기 어려운 상황에 처했을 때 느끼는 불안과 위협의 감정이라고 한다.

스트레스가 건강에 무조건 나쁜 영향만 끼치는 것은 아니다. 적당한 스트레스는 오히려 신체와 정신에 활력을 준다. 그러나 스트레스가 개인이 감당할 범위를 넘어서거나 장기간 반복적으로 진행된다면, 스트레스는 만성화되어 정서적으로 불안과 갈등을 일으킨다. 스트레스는 우리 삶의 모든 구석구석에 존재하고 매우 다양하기 때문에 스트레스를 어떻게 대처하고 관리하느냐가 중요하다. 스트레스의 외적 원인과 내적 원인을 살펴보고 스트레스의 영문 각 글자를 사용하여 스트레스를 날려보내는 비밀을 설명하니, 공직자 여러분도 이 비밀을 깨달아 스트레스 속에서 스트레스를 날려보내면서 신나고 행복하게 근무하기를 기대한다.

1 ___ 스트레스의 외적 · 내적 원인

스트레스의 요인은 개인, 연령, 성별, 지역, 국가 등에 따라 천차만별이며 획일적이지 않다. 스트레스는 외부적으로는 물리적 환경(층간 및 거리 소음, 협소한 공간 등), 사회적 관계(배신, 무례, 폭력, 다툼 등), 조직사회(규정, 형식, 제도, 퇴직, 승진, 출퇴근 등), 일상생활(친인척의 사망, 이별, 교통 체증, 소지품 분실, 금전 문제 등) 등에서 다양하게 나타난다. 내적 · 개인적으로는 생활 방식(카페인 등 과다한 약물복용, 불충분한 잠, 과중한 스케줄, 시간 압박 등), 부정적인 생각(비관, 자기 비하, 편견, 지나친 생각 등), 마음 상태(비현실적 기대, 좌절, 독선, 경직, 걱정 등), 개인 특성(완벽추구, 결벽증, 일벌레 등) 등에서 생긴다.

2 ___ 스트레스를 날려보내는 비밀

'문제 속에 답이 있다.'라는 말처럼 스트레스 속에 스트레스를 날려보내는 비밀이 있다. 스트레스Stress의 영문 각 글자 S(웃음), T(여행 또는 감사), R(재충전 또는 기도), E(먹고 힘내기), S(스포츠), S(잠 또는 천천히 하기)가 바로 스트레스를 날려보내는 비결이다.

❶ S: SMILE(스마일, 웃음)

소문만복래는 웃는 문으로는 만복이 들어온다는 뜻으로, '웃으면 복이 온다.'는 말이다. 스트레스를 받을 때 집에서나 노래방, 아니면 어디에서나 신유의 노래 「일소일소 일노일노」를 불러보자! 일소일소一笑一少 일노일노一怒一老는 '한 번 웃으면 한 번 젊어지고 한 번 화내면 한 번 늙는다.'는 말이니 웃어서 젊어지고 스트레스도 날려보내야 한다.

❷ T: TRAVEL(TOUR) or **THANK**(여행 또는 감사)

현실의 불편한 상황이나 스트레스에서 벗어나서 여행을 하면, 자신을 객관적으로 바라볼 수 있고 추억도 생기고 새로운 힘도 얻을 수 있으니 여행을 하면서 스트레스를 날려보낼 수 있다. 적당한 스트레스는 몸과 정신에 활력을 가져다주므로 스트레스를 받을 때 자신을 돌아볼 수 있는 기회라고 생각하면서 오히려 감사하면 스트레스에서 빨리 벗어날 수 있다.

❸ R: RECREATION or PRAY(재충전 또는 기도)

레크리에이션은 사람의 몸과 마음의 기분을 상쾌하게 하는 방식으로 시간을 사용하는 것이다. 스트레스를 받을 때 기분 전환과 재충전(레크리에이션)을 할 수 있는 시간을 가져 보거나, 조용히 스트레스의 원인을 분석하고 기도나 명상 등으로 심신(心身: 마음과 몸)을 단련하면 스트레스를 극복할 수 있다.

❹ E: EAT AND ENERGY(먹고 힘내기)

스트레스 받으면 술을 많이 마시거나 담배를 피우기도 하지만, 스트레스를 받을 때 술과 담배를 자제하고 영양을 잘 보충하고(먹고) 힘을 내서 스트레스를 물리쳐야 한다.

❺ S: SPORTS(스포츠)

틈틈이 뇌, 마음, 몸 운동(3동. 이 책 p.14 참조)하여 건강을 유지하면 스트레스를 날려보낼 수 있는 체력과 정신력이 생긴다.

❻ S: SLEEP or SLOW(잠 또는 천천히 하기)

'잠은 보약이며 숙면은 최고의 보약이다.'라는 말이 있듯이 숙면을 취하거나, 마음의 여유를 찾아 일을 천천히 처리하면서 스트레스를 이겨내야 한다.

당신멋져의 비밀

'당신멋져'는 '당당하게 신나게 멋지게 져주며 살자'의 줄임말이다. '당신멋져'에서 '당신'을 '정말, 너무 또는 다른 사람의 이름' 등으로 바꿔 '정말 멋져, 너무 멋져 또는 ㅇㅇ씨 멋져'라고 말할 수 있다. 그래서 '당, 신, 멋, 져'의 각 글자를, 인향만리와 겸양지덕 등의 성어를 사용하여 그 비밀을 풀어드리니 '당신멋져'를 잘 소화하기를 희망한다. 공직에 근무하면서 만나는 사람들 모두에게 'ㅇㅇ씨 멋져'라고 먼저 부드럽게 인

사하고 정정당당하고 신나며 멋지게 쳐주면서 행복하게 살아가기를 기
대한다.

1 ___ 당: 당당^{堂堂}하게 살자

당당은 '남 앞에서 내세울 만큼 떳떳한 모습이나 태도'를 말한다. 정정
당당正正堂堂은 '태도나 수단이 정당하고 떳떳하다.'는 뜻이고, 위풍당당
威風堂堂은 '풍채나 기세가 위엄이 있고 떳떳함'을 의미하니 양심에 거리
낄 만한 일은 하지 말고 당당하게 근무하여야 한다.

2 ___ 신: 신나게 살자

'신나다'는 말은 '어떤 일에 흥미나 열성이 생겨 기분이 매우 좋아지
다.'라는 뜻이다. 공직자 여러분이 국방을 튼튼히 하고 경제를 일으키고
문화를 융성시키고 나라를 잘 이끌면, 여러분뿐만 아니라 우리 국민들
도 기분이 매우 좋아 신나게 행복한 삶을 살게 된다.

3 ___ 멋: 멋지게 살자

'멋지다'는 '매우 멋이 있다. 썩 훌륭하다.'라는 뜻으로 '당'이 풍채나 태
도가 떳떳하다는 외형이나 행동을 강조한다면, '멋'은 복장이나 외모보
다 인품 즉, 인간의 내면을 중시한다. '화향백리花香百里, 주향천리酒香千
里, 인향만리人香萬里'는 '아름다운 꽃은 꽃향기가 백 리까지 퍼지고, 잘
익어 맛이 나는 술은 그윽한 술 냄새가 천 리까지 날아가고, 사람의 인
품에서 우러나오는 향기는 만 리 밖까지 퍼진다.'는 뜻이다. 화향은 바
람이 전하고 인향은 마음이 전한다. 향기로운 꽃은 일시의 행복감을 안

겨 주지만 멋지게 사는 사람이 전하는 인향은 많은 사람에게 감동을 주어 다 함께 멋지게 살게 한다.

4 ___ 져: 져주며 살자

'당신멋져'에서 '져'는 져준다는 말로, '져준다'는 것은 이길 수 있지만 배려와 양보를 한다는 의미이다. '겸양지덕謙讓之德'은 '배려와 겸손한 태도로 남에게 양보하거나 사양하는 아름다운 마음씨나 행동'을 말하고, '사양지심辭讓之心'은 '겸손하여 남에게 사양할 줄 아는 마음'이다. 인생을 살아가면서 남에게 한 발 양보하는 것은 결코 쉬운 일이 아니라 어려운 일이다.

양보는 마음의 여유와 자신감에서 나오는 아름다운 미덕이다. 실력이나 능력이 없고 자신이 없는 사람이나 교만한 사람은 양보의 마음이 생길 수 없다. 겸손은 자기를 낮추는 것이 아니라 오히려 자기를 높이는 수단이다. 또한 구약성경 잠언 29장 23절에는 "사람이 교만하면 낮아지게 되겠고 마음이 겸손하면 영예를 얻으리라"라는 말씀이 있으니 겸손하게 져주면서 영예를 얻기를 희망한다.

역설(힘들 때)의 행복

우리나라의 자살률은 경제협력개발기구OECD 회원국 중 높은 편이고, 소득이 증가해도 행복도가 올라가지 않는다. 자살을 바꾸어 읽으면 '살자'가 되듯이, 우리나라 사람의 자살률을 낮추고 마음과 생각을 바꾸어

행복하게 살아갈 수 있도록 '역설의 행복'을 제시하니 공직자 여러분도 힘들거나 어려운 일에 직면하면 역설의 행복을 연상하면서 마음을 다잡아 힘들거나 곤란한 일을 이겨내야 한다.

1 ___ 이스털린의 역설Easterlin's Paradox

이스털린의 역설은 1974년 미국의 경제학자 리처드 이스털린 교수가 주장한 것으로, 소득이 일정 수준에 이르고 기본 욕구가 충족되면 소득의 증가가 행복에 영향을 미치지 않는다는 이론이다. 즉 소득이 증가해도 행복이 정체되는 현상으로, 소득이 어느 정도 높아지면 행복도가 높아지지만 일정 시점을 지나면 행복도는 더 이상 높아지지 않는다는 이론이다.

이스털린 교수는 "방글라데시와 같은 가난한 나라에서는 국민의 행복도가 높고 미국, 프랑스, 영국과 같은 선진국에서는 오히려 행복도가 낮다."는 연구결과를 발표했다. 우리나라는 행복도가 소득에 비례하여 높아지지 않고 오히려 행복하지 못하다고 느끼는 사람이 많아지고, '1등이 최고'라는 사고방식으로 갈수록 경쟁이 치열해져 더 많은 스트레스를 받고 있다. 대학 진학률은 높지만 졸업 후 일자리를 구하지 못해 청년실업자가 양산되고 있다. 더구나 국민소득은 높아졌지만 계층 간, 세대 간, 지역 간 양극화 현상이 갈수록 심화되고 있으니 행복도가 증가하지 않는다.

2 ___ 힘들 때 행복

자살을 거꾸로 읽으면 '살자'가 되고, 치매를 바꾸어 보면 '매치match(배우자, 짝)'가 되고 학대를 뒤에서부터 읽으면 '대학'이 된다. 그리고 '내 힘 들다'를 역으로 읽으면 '다들 힘내'가 된다. 모든 것은 어떻게 생각하느냐에 따라 달라질 수 있다. 즉, 4차 산업혁명 시대에서도 마음먹기에 따라 화나 불행이 거꾸로 행복이 될 수도 있다.

우리는 살아가는 동안에 여러 가지 일 때문에 울고, 웃고, 기뻐하고, 슬퍼한다. 그래서 우리는 '인간만사 새옹지마'라는 말을 자주 한다. 『회남자』에 나오는 새옹지마塞翁之馬는 '변방에 사는 노인의 말(馬 말 마)'이라는 뜻으로, 세상만사는 변화가 많아 어느 것이 화禍가 되고, 어느 것이 복福이 될지 예측하기 어려워 재앙도 슬퍼할 것이 못 되고 복도 기뻐할 것이 아니라는 말이다. 이 말은 인생의 길흉화복은 늘 바뀌어 변화가 무상無常하니 일희일비一喜一悲하지 말고 절망도 하지 말고 자살도 하지 말고, 희망을 가지고 하루하루 부지런히 살아가다 보면 행복이 다가온다는 의미이다.

3 ___ 역설의 행복 사례: 조막손 투수

'조막손 투수'란 별명으로 유명한 짐 에보트는 선천적으로 오른팔이 없었다. 그는 벽에 공을 던지면서 유연하게 글러브를 왼손으로 옮기는 피나는 노력을 하여 최고의 선수들이 모이는 메이저리그에서 뉴욕양키즈 등 명문구단을 거치며 10년간 통산 87승을 기록했다. 그는 행복과 성공의 비결을 묻는 질문에 "꿈이 있으면 된다. 나는 손이 하나 없는데 신경을 쓰지 않는다. 야구장을 향할 때마다 나는 내 팔을 보지 않는다. 나는 내 꿈을 본다."라고 말했다. 세상을 바꾸기는 쉽지 않다. 하지만 생각을 바꾸어 행동이 변하면 세상은 다르게 보이기 시작한다. 세상을 내 마음대로 바뀌게 하는 방법은 세상을 바라보는 내가 바뀌면 된다. 즉, 짐에 보트가 팔을 보지 않고 꿈을 본 것처럼 세상사는 생각하기 또는 마음먹기에 달렸다. 자~ 공직자 여러분, 지금 '**힘들다**'면 마음을 역으로 바꿔 '**다들 힘**'을 내자!

한 획(옆에 있는)의 행복, 워라밸과 공라밸, 공확행

『사자소학』에 나오는 '화복무문 유인소소禍福無門 惟人所召'는 '화禍와 복福에는 문이 없고, 오직 사람이 불러들인 것이다.'라는 말이다. 이 말처럼 복과 화는 공직자 여러분의 곁에 있으니 화가 아닌 복을 불러들여 신나게 공(워)라밸 하면서 공확행(행복)을 누려야 한다.

1 ___ 한 획의 행복

'신辛+한 획一=행幸'처럼, 고생할/매울 신辛에 한 획을 더하면 행복할 행幸이 되듯이 행복은 멀리 있는 것도 아니고, 고생(불행)과 행복은 한 끗(획) 차이일 뿐이다. 그러므로 여러분이 한 획을 잘 그을 준비가 되어 있다면 고생 속에서도 행복을 찾을 수 있다. 그리고 '고진감래苦盡甘來'란 '고생 끝에 낙이 찾아온다.'는 말로, 어렵고 힘든 일이 지나면 즐겁고 좋은 일이 온다는 말이다. 저자는 공직자 여러분 모두에게 행복하게 잘 살 권리가 있고, 행복하게 살아가야 한다고 주장한다. 불행이 여러분의 행복을 가로채서 주객 즉, 행복과 불행이 전도되어 불행하게 살아가서는 안 된다. 그러므로 주(행복)와 객(불행)을 잘 구분하고, 힘들고 어려운 상황 속에서도 한 획 ㄱ을 잘 그어 행(幸=辛+一)복하게 살아야 한다.

'빚'이라는 글자에 한 획을 더하면 '빛'이 되고, '고질병'에 한 획을 더하면 '고칠 병'이 되며, '불가능한'이라는 뜻의 영어 단어 'Impossible'에 한 획(')을 더하면 '나는 가능하다(할 수 있다).'라는 I'm possible.이 된다. 아울러 '마음 심心'에 한 획을 추가하면 '반드시 필必'이 되어 필승(반드시 이김)의 인생이 된다. '꿈은 어느 곳에도 없다.'를 영어로 말하면 'Dream is nowhere.'인데 nowhere를 now와 here로 한 번만 띄어 쓰면, '꿈은 바로 여기에 있다.'인 'Dream is now here.'가 된다. 불가능한 것도 한 획을 더하거나 마음을 바꾸면 모든 것이 가능해지고, 잘 더한 한 획이 '행(辛+一=幸)'과 '필(心+丿=必)'로 변하듯이 잘 바꾼 마음 하나, 생각 하나, 행동 하나가 인생을 행복하게 한다.

2 ___ 복은 깃털보다 가볍고, 내 몸에 있다!

『장자』에 '복경호우福輕乎羽 막지지재莫之知載, 화중호지禍重乎地 막지지피莫之知避'란 말이 나온다. 즉, '복은 깃털보다도 가벼운데 이를 실을(지닐) 줄 아는 사람이 없고, 화는 땅덩어리보다도 무거운데 이를 피할 줄 아는 사람이 없다.'는 말이다. 사람은 누구나 복을 가지고 싶고 화(禍 불행/재난 화)는 피하고 싶어 하지만, 깃털처럼 가벼워 떠다니는 복은 잡지를 못하고 땅덩어리처럼 무거운 화를 들곤 한다. 복과 화는 가볍고 무거운 것 즉, 경중의 차이만 잘 구별하면 된다.

그러므로 복이 여러분 곁에 왔을 때, 그 복을 잘 아끼고 사랑해 주지 않으면 언젠가는 그 복이 화가 되어 돌아올 수도 있으니, 여러분에게 다가온 복을 진심으로 감사하며 꼭 잡으시길 기대한다. 중국 속담에 '사람은 몸이 복 가운데 있어도 그것이 복인지 모른다.'는 '신재복중 부지복身在福中 不知福'이란 말이 있다. 즉, '행복한 삶을 누리면서도 만족을 느끼지 못한다.'는 뜻이지만, 여러분은 몸이 복 중에 있으니身在福中 복을 느끼고 그 복을 누려야 한다.

3 ___ 워라밸과 나포츠족

2017년부터 우리 사회에서 '사람 중심, 사람 중심 경영'이라는 말이 주목을 받고 있다. 이러한 현상은 우리가 지금까지 추구해온 이윤과 효율성뿐만이 아니라, 구성원 또는 직원의 행복과 노사의 상생 등도 중시하는 새로운 트렌드이다. 이러한 변화를 보여주는 핵심어KeyWord가 바로 워라밸*이다. '워라밸'은 일과 삶의 균형(Work and Life Balance)을 줄인 말로, 좋은 직장을 선택하는 조건으로 중요시 되고 있다. '노일결합勞逸結合(勞 일할 노, 逸 편안할 일)'은 '노동과 쉼을 함께(결합)한다.'는 말이고, '노일적당勞逸適當'은 '적당한 일과 적당한 쉼'이란 뜻이다. 워라밸 문화는 앞으로 점차 중요해질 전망이다. 이에 따라 정부와 기업에서도 워라밸 문화에 관심을 갖기 시작했다. 정부는 공직자의 육아휴가와 출산휴가를 확대하고 초과근무 시간을 제한하여 저녁이 있는 삶을 권장하고, 기업에서도 근무시간을 줄이거나 탄력근무제, 자율출퇴근제를 시행하는 등 알맞게 일하면서 생산성을 높일 수 있는 다양한 방법을 모색하고 있다.

---

* 김난도 외7, 「트렌드 코리아2018」, 미래의창(2017), p. 291-312.

나포츠족(Night+Sports族)

'나포츠족族'의 나포츠는 밤(야간)을 뜻하는 '나이트night'와 운동을 뜻하는 '스포츠sports'의 합성어이다. 나포츠족은 퇴근 후 저녁 시간을 활용해 자전거 타기, 걷기, 뛰기, 트레킹, 등산 등 운동을 하는 사람들을 말하며, 야간운동족이라고도 한다. 나포츠(야간운동)는 자기 계발과 사생활을 존중해 주는 분위기가 확산되면서 워라밸을 중시하는 젊은 직장인들을 중심으로 인기를 끌고 있다. 건강과 몸매에 관심은 많으나, 낮에 하루 종일 사무실에 있어야 하는 30~40대 직장인이 나포츠족의 대다수를 차지한다. 이는 조직보다 개인의 시간, 즉 건강관리 및 여가생활을 더욱 중요시하는 워라밸의 가치관이 나타난 것으로 볼 수 있다. 나포츠족과 비슷한 용어인 '나스족'은 '나' 홀로 '스포츠'를 즐기는 사람들을 말한다.

4 ___ 공라밸Public Life and Life Balance과 공확행

천직으로 여기던 공무원 신분을 버리는 30~40대 젊은 엘리트들이 최근 부쩍 많아졌다. 지난해 8월까지 중앙부처 과장급 공무원(3~4급) 중 민간기업 이직 신청자가 100명을 넘는다. 불과 4년 전만 해도 40명 정도에 불과했는데 최근 들어 이처럼 숫자가 급증하고 있다. 공무원은 가장 안정된 직업이다. 국민연금과는 비교할 수도 없는 연금혜택도 있다.

그럼에도 힘든 시험을 합격한 이들이 직업 안정성, 연금 혜택까지 포기하고 '모험'을 택하는 이유는, 바로 보람과 자부심의 상실이다. 요즘 가장 문제시되는 '관료 패싱'과도 연결된다. 정통 관료의 역할과 설 자리가 점점 줄어들고 있다. 게다가 고위직이 될수록 공직자윤리위원회의

취업심사도 까다롭다. 더 늦기 전에 일찌감치 신발을 바꿔 신는 게 낫다고 판단하는 것이 전혀 어색하지 않다. 정부 조직 운영의 관건은 인적자원 관리다(출처: 『헤럴드경제』 인터넷판 사설, "3040 엘리트 공무원 엑소더스는 정부 위기다", 2019.1.4.).

유능한 공무원의 이탈은 국가적 손실이면서, 국가정책의 품질저하와 연결되므로 공직자의 사기를 살려 젊은 관료들의 공직 이탈을 막아야 한다. 공직에 우수한 인재 유치와 국가의 백년대계를 위해서 저자는 공라밸과 공확행이라는 말을 고안해본다.

공라밸(저자 고안)은 '일과 삶의 균형'을 줄인 '워라밸'의 '워'를 '공'으로 바꾼 말로, '공직과 삶의 균형'이라는 말이다. 공라밸을 위해서는 공직자의 재택근무, 육아휴가, 출산휴가 등을 확대하고, 초과근무 시간을 제한하여 저녁이 있는 삶을 권장하고, 봉급을 인상하는 것과는 별개로, 우리 모두 공직자가 영혼과 사명감을 가지고 보람과 자부심을 느끼며 일할 수 있는 분위기를 조성하여야 한다.

공확행公確幸(저자 고안)은 2018년 최대 유행어 소확행(작지만 확실한 행복)에서 '소'를 '공'으로 바꾼 말로, '공직자의 확실한 행복 또는 공직자가 확실한 행복을 누리는 것'이라는 뜻이다. 공직에 근무하면서 행복해지기는 쉽지 않지만 '헬멧이 녹아내리는 불길 속에서 3세 아이를 구한 소방관들(이 책 p.146 참조)'에게 칭찬과 격려의 마음을 담아 선물한 치킨과 피자에 소방대원들이 감사하여 눈물이 난 것처럼, 국민 여러분의 칭찬과 격려가 있다면 공직자들은 행복해질 수 있으니 국민 여러분의 뜨거운 응원과 격려를 당부드린다.

배려의 불행과 행복

사전에서는, 배려配慮란 '도와주거나 보살펴 주려고 이리저리 마음을 씀'이라고 정의하는데, '마음을 어떻게 쓰느냐'에 따라 상대방에게 피해를 줄 수도 있고, 도움이 될 수가 있다. 그래서 아전인수, 역지사지 등의 성어를 사용하여 배려의 불행과 배려의 행복, 불행한 사람의 공통점을 언급하니 공직자 여러분은 불행한 사람의 습관을 잘 이해하고 극복하여, 행복을 느끼고 누리면서 신나게 공직을 수행하기를 기대한다.

1 ___ 배려의 불행(아전인수)

'아전인수我田引水'란 '자기 논에 물을 끌어넣는다.'는 말로, 자기에게만 이롭게 되도록 생각하거나 행동하며 남을 배려하지 않는다는 뜻이다. 그 예로 남을 사랑한다고 말하기는 하지만 상대방의 입장에서 배려하지 않는 소와 사자 이야기와 바닷새 이야기를 소개한다.

• 소와 사자의 사랑 이야기

소와 사자가 서로 사랑을 하여, 결혼해서 함께 살았다. 둘은 서로에게 최선을 다하기로 약속했고, 소는 최선을 다해서 맛있는 풀을 날마다 사자에게 대접했고 사자는 먹기 싫었지만 참았다. 사자도 최선을 다해서 맛있는 살코기를 날마다 소에게 대접했고, 소도 괴로웠지만 참았다. 그러나 참는 것도 한계가 있어 더 이상은 참을 수 없게 되어 둘은 마주 앉아 대화를 하다가 심하게 다투었고 끝내는 헤어졌다. 헤어지면서 소와 사자는 둘 다 "나는 너에게 최선을 다했다."라고 말하였다. 소와 사자는 각자 자기의 눈과 마음 즉, 아전인수 격으로만 상대방을 배려했다. 나 위주로 생각하는 나만의 최선, 상대를 배려하지 않는 최선일수록 최악의 결과를 낳을 수가 있다.

• 노나라 임금과 바닷새 이야기

『장자』에 바닷새와 노나라 임금의 이야기가 나온다. 옛날에 바닷새가 노나라 수도 근처에 날아와 앉아 있었다. 노나라 임금이 바닷새를 종묘宗廟 안으로 데려와 술을 권하고 음악을 연주하면서 극진히 대접했다. 바닷새는 바닷가가 그리워 오히려 어리둥절해하고 슬퍼할 뿐 아무것도 먹지 않다가 사흘 만에 죽었다. 장자는 바닷새 이야기를 통해 아무리 좋은 대우라도 상대방의 입장을 고려하지 않은 배려는 불행을 가져온다는 것을 비유적으로 설명하였다.

2 ___ 불행한 사람의 습관

일상생활을 건강하게 보낼 수 있는 비법을 소개하는 '팝슈가닷컴'에 올라온 '불행한 사람들의 10가지 공통점'을 체득하여 여러분을 불행하게 하는 습관들이 있다면 과감히 끊고 신나게 행복해지기를 희망한다(출처: 인터넷).

불행한 사람들의 10가지 공통점

(1) 이미 지나간 일을 계속 떠올리며 후회한다.

(2) 새로운 도전을 쉽게 포기한다.

(3) 운동을 전혀 하지 않는다.

(4) 이룰 수 없거나 측정이 불가능한 목표를 세운다.

(5) 건강에 좋지 않은 음식을 즐겨 먹는다.

(6) 잠을 충분히 자지 않거나 불규칙한 생활을 한다.

(7) 자신의 장점을 모르고 단점만 기억한다.

(8) 오프라인이 아닌 온라인 활동에만 집중한다.

(9) 다른 사람의 험담을 자주 한다.

(10) 다른 사람의 실수를 용서하지 않는다.

3 ___ 배려의 행복(역지사지)

'역지사지易地思之'는 『맹자』에 나오는 '역지즉개연易地則皆然'에서 유래된 말로, '아전인수'와는 상반된 의미이고, '다른 사람의 처지에서 생각하라.'는 뜻이다. 역지사지의 예로 웰링턴 장군의 핑거볼 이야기를 소개한다.

• 영국 웰링턴 장군의 핑거볼 이야기

웰링턴 장군이 워털루 전투에서 나폴레옹의 군대를 물리치고 승리를 거두었다. 영국 여왕은 장군과 병사들을 초청하여 승전축하연을 베풀었고, 식사가 끝날 무렵 핑거볼Finger Bowl(음식을 들기 전에 손가락을 씻는 물그릇)이 나왔다. 시골출신의 한 병사가 그 물을 냉큼 마시자 이 광경을 본 많은 사람들이 크게 비웃었다. 젊은 병사는 수치심에 얼굴이 홍당무가 되어 고개를 제대로 들지 못하였다. 그 순간 웰링턴 장군이 일어나 '친애하는 신사 숙녀 여러분! 워털루 전투에서 용맹하게 싸워 승리를 거둔 저 젊은 병사를 본받아 우리 모두 이 핑거볼로 축배를 듭시다.'라고 제의하였다. 워털루의 승리는 역지사지의 자세로 부하를 배려하는 웰링턴 장군의 이러한 모습과 기지에서 비롯되었다며 사람들은 그를 더욱 존경하게 되었다.

영국 여왕이 인도 귀족과 중국 관리에게 베푼 만찬에서도 핑거볼을 마신 사례가 있다. 그 후 핑거볼은 '실수를 한 친구를 무안하게 하지 않는 아름다운 지혜'란 뜻으로 쓰이게 되었다. 여러분도 핑거볼의 지혜로 남의 실수를 덮어 주고 배려하는 마음을 가진다면 아름답고 신뢰가 넘치는 행복한 우리나라가 될 것이다.

의심과 걱정의 행복

모든 일이 잘못되지 않도록 미리 걱정하고 대비하는 것은 바람직한 삶의 자세이다. 그러나 그것이 지나쳐서 쓸데없는 걱정으로 늘 전전긍긍하면서 불안감을 떨쳐 버리지 못한다면 행복하고 즐거워야 할 인생이 어둡고 불행하게 된다. 불필요한 걱정과 의심을 떨치고 건강하고 신나게 공직에 근무한다면 국민도 나라도 신나게 될 테니, '의심과 걱정의 행복'이라는 역설적인 제목으로 소개하는 '소금(짚신) 장수와 우산 장수 이야기', '배중사영, 기인지우, 데이모스의 법칙' 등을 통해 그 속에서 행복의 지혜를 얻기를 희망한다.

1 ___ 소금(짚신) 장수와 우산 장수 이야기
소금 장수와 우산 장수 이야기는 우산 장수와 소금 장수 두 아들을 둔

어머니가 비가 오면 소금이 잘 팔리지 않을 것 같아 소금 장수 아들을 걱정하고, 날이 맑아 쾌청하면 우산이 팔리지 않아 우산 장수 아들을 걱정한다는 이야기이다. 비가 오면 우산이 잘 팔려서 좋고, 날이 맑으면 소금이 잘 팔려서 좋다고 생각하면 될 텐데, 이래저래 걱정만 한다는 말이다.

이와 비슷한 이야기인 '짚신 장수와 우산 장수의 이야기'는 『선해진언禪海珍言』에 나온다. 중국 산서성山西省 소재 남선사南禪寺 부근에 사는 할머니가 비 올 때도 울고 갠 날도 울고 시도 때도 없이 울어, 남선사의 스님이 우는 이유를 물었다. 할머니는 큰딸은 짚신 장수에게 시집갔고 작은딸은 우산 장수에게 시집가서 비 오면 큰딸 걱정, 맑으면 작은딸 걱정 때문에 늘 운다고 대답했다. 그때 스님이 할머니에게 비가 오면 우산이 잘 팔리고 날이 개면 짚신 장사가 잘 되니 긍정적으로 생각하라고 알려주자 크게 깨닫고 '파체위소破涕爲笑(눈물을 거두고 웃음을 지음, 슬픔을 기쁨으로 바꿈)'하였다.

2 ___ 의심과 걱정 떨치기

근심, 걱정에 관한 동양의 용어가 '배중사영이나 기인지우'라한다면 서양은 '걱정의 신神'인 '데이모스'이다. 『진서晉書』에 나오는 '배중사영杯中蛇影'은 '술잔 속의 뱀 그림자'라는 뜻으로, 자기 스스로 의혹된 마음이 생겨 고민하는 일 또는 아무 것도 아닌 일에 의심을 품고 지나치게 근심을 한다는 의미이다. 쓸데없는 걱정, 안 해도 될 근심을 이르는 말인 '기우杞憂'는 기인지우杞人之憂의 준말로, 기杞나라 사람이 하늘이 무너지고 땅이 꺼지면 몸도 둘 곳이 없음을 걱정한 나머지 침식을 전폐하였다고 한

데서 유래한다.

그리이스 신화에 나오는 데이모스Deimos(패배의 두려움을 상징)는 걱정의 신이고, 데이모스의 법칙은 쓸데없이 걱정만하는 것을 의미한다. 사람들은 하루에 수 만 가지 매우 많은 생각을 한다. 그중에서 90퍼센트 이상은 쓸모없는 걱정이다. 또한 쓸모없는 걱정 가운데 90퍼센트 이상은 언제나 이미 했던 걱정이다. 열심히 한 것 같지만, 10퍼센트만이 제대로 한 일이다. 90퍼센트는 불필요한 걱정에서 비롯된 것이다. 따라서 10퍼센트만 잘 살려도 최고가 될 수 있다. 그러나 대다수 사람들은 90퍼센트의 부질없는 걱정에 매달려 시간을 허비한다. 마음의 걱정과 근심은 뼈를 마르게 하고, 마음의 즐거움은 양약이라는 말씀(구약성경 잠언 17장 22절 참조)도 있으니, 공직자 여러분은 걱정과 의심할 일이 있으면, 가수 전인권 씨의 노래「걱정말아요 그대」를 부르면서 걱정과 의심을 떨쳐 버리고 파체위소하여 '6가지 감사(이 책 p.129 참조)'와 웃음으로 하루하루를 즐겁게 시작하여 신나고 행복하게 지내야 한다.

있을 때 잘해!

이명박 전 대통령이 2018년 3월 22일 늦게 구속되어 수감 생활을 하다가 2019년 3월 6일 오후 보석으로 풀려났다. 이명박 대통령의 구속은 전직 대통령 중 네 번째로 구속된 기록이다. 다시는 우리나라 대통령이 구속되는 상황이 없길 바라고, 공직자 여러분도 아무 탈 없이 신나게 일하면서 백세인생을 행복하게 잘 살기를 기대한다. 그래서 '권불십년', '풍

수지탄', 12388234, '관포지교', '석시여금' 등의 성어를 소개하니 권력이, 부모가, 가족이, 건강이, 친구가 그리고 시간이 있을 때 잘하자!

1 ___ 퇴직 후 박수 받기

'권불십년 화무십일홍權不十年 花無十日紅'은 '아무리 대단한 권력도 십 년을 넘기기 어렵고 아무리 붉고 아름다운 꽃도 십 일을 넘기기 어렵다.'라는 말로, 권력이나 힘, 재물, 젊음 등은 결코 영원할 수 없고 언젠가 그 끝이 있다는 뜻이다. 그러므로 대통령과 고위공직자, 국회의원과 시·구의원, 일반공무원 등 모든 공직자들은 힘이 있는 자리에 있을 때 잘해서 즉, 겸손하게 묵묵히 열심히 근무해서 현직을 떠난 후에는 '박수를 받는 공직자'가 되어야 한다.

2 ___ 바람과 나무의 탄식

『한시외전』에 나오는 '풍수지탄風樹之歎'은 '바람과 나무의 탄식'이라는 뜻으로, 부모님이 돌아가신 후 생전에 효도하지 못한 뉘우침을 이르는 말이다. 이 말은 "나무는 조용히 있고 싶어도 바람이 그치지 않고(수욕정이풍부지樹欲靜而風不止), 자식은 봉양하려 해도 어버이는 기다려 주지 않는다(자욕양이친부대子欲養而親不待)."라는 말에서 나왔다. 그러므로 부모님이 곁에 계실 때(살아계실 때) 잘 하세요(모시세요).

3 ___ 12388234, 건강제일健康第一

'돈을 잃으면 적게 잃고, 명예를 잃으면 반을 잃고, 건강을 잃으면 전부를 잃는다.'라는 말이 있다. 아무리 재물이 많아도 건강하지 못하면

무용지물에 불과하니 건강이 제일이다. 사람들이 흔히 말하는 9988234 라는 말은 '99세까지 88(팔팔)하게 살다가 2, 3일 앓고 떠나자.'인데, 백 세시대에는 12388234(저자 고안)로 바꿔야 한다. 여기서 123은 123세를 말하므로 백세百歲를 넘어서도 팔팔(건강)하게 산다는 뜻이니 건강이 있을 때(건강할 때) 잘해(잘 지켜) 신나고 행복하게 살자!

4 ___ 참된 우정

상속자가 없는 억만장자가 죽기 전 변호사에게 자신이 죽으면 새벽 4 시에 장례를 치르고 장례식이 끝나면 참석한 사람들 앞에서 유서를 개봉 하라고 부탁하였다. 고인에게는 많은 친구들과 지인들이 있었지만 새벽 4시에 치러진 장례식에는 불과 네 사람만 참석했다. 장례식을 경건하게 치른 후 변호사가 유서를 뜯어보니, "나의 전 재산을 장례식에 참석한 사람들에게 고루 나누어 주세요."라는 내용이었다. 많은 유산을 엉겁결 에 받은 네 친구는 처음엔 당황했지만, 그의 유산이 헛되이 쓰이지 않도 록 사회에 환원해 고인의 이름을 딴 도서관과 고아원 등을 건립하여 친 구에게 보답하였다. 『사기』에 나오는 '관포지교管鮑之交'는 '관중管仲과 포 숙아鮑叔牙의 사귐'이란 뜻으로, 형편이나 이해관계에 상관없이 친구를 위하는 영원히 변치 않는 참된 우정을 말한다. 여러분에게는 관중과 포 숙아와 같은 진정한 친구가 몇 명이나 있는가? 만약 여러분이 퇴직 후 하늘나라에 갈 때가 되어 장례식이 새벽 4시에 치러진다면, 과연 몇 명 이나 올까? 친구나 가족이 옆에 있을 때 잘해야 한다.

5 ___ 시간은 금

'석시여금惜時如金'은 '시간은 금Time is gold과 같다.'는 뜻으로, 시간을 금처럼 아끼라는 말이다. 시간은 남에게 빌려줄 수도 없고 빌려 쓸 수도 없고, 살 수도 팔 수도 없다. 즉, 누구에게나 똑같이 하루 스물네 시간이 공평하게 주어지고, 주어진 시간을 얼마나 효율적으로 관리하느냐에 따라 인생의 성공과 실패가 결정된다. '시간은 금' 관련 시문詩文을 소개하니 시간이 있을 때 잘해 즉, 시간이 있을 때 시간을 잘 활용하여야 한다.

▌'시간은 금' 관련 시문詩文

권학문勸學文

『명심보감』

물위금일불학이 유래일 勿謂今日不學而 有來日

물위금년불학이 유래년 勿謂今年不學而 有來年

일월서의 세불아연 日月逝矣 歲不我延

오호노의 시수지건 嗚呼老矣 是誰之愆

오늘 배우지 않고 내일이 있다고 말하지 말며,

올해 배우지 않고 내년이 있다고 말하지 말라.

해와 달은 흐르니 세월은 나를 기다리지 않는다.

오! 늙음이여, 이 누구의 허물인가?

우성偶成 (우연히 지은 시)

주희朱熹, 『명심보감』

소년이로학난성 少年易老學難成

일촌광음불가경 一寸光陰不可輕

미각지당춘초몽 未覺池塘春草夢

계전오엽이추성 階前梧葉已秋聲

소년은 늙기 쉽고 학문은 이루기 어려우니,

아주 짧은 시간이라도 가벼이 여기지 말라.

연못가의 봄풀은 아직 꿈 속에 있는데,

섬돌 앞의 오동나무 잎은 벌써 가을 소리를 내는구나.

『명심보감明心寶鑑』은 고려시대, 어린이들의 인격 수양을 위해 중국 고전에서 선현들의 금언과 명구를 편집하여 만든 책이다. 주로 한문을 배우기 시작할 때『천자문』을 익힌 다음『동몽선습』과 함께 기초 과정의 교재로 사용하였다. '명심明心'이란 '마음을 밝게 한다.'는 뜻이고, '보감寶鑑'은 '보물과 같은 거울'로서 '다른 사람이나 후세에 본보기가 될 만한 귀중한 일이나 사물 또는 그런 것을 적은 책'이라는 뜻이다.

끝까지 포기하지 마세요!

'전차군단 멈추게 한 게 기적?…독기가 만든 승리였다'(출처:『매일경제』, 2018.6.29.)라는 제목의 기사에서 '한국 축구가 세계 1위 독일을 꺾은 네 가지 힘'은 "① 비난·조롱이 만들어낸 독기 ② '한 발 더 뛰겠다.'는 약속 ③ 포기 없었던 추가시간 3골 ④ 亞(아시아) 다른 국가 선전에 자극"이라는 문장을 읽고 '궁즉통, 계포일낙, 과유불급, 타산지석' 등의 성어가 떠올라 소개하니, 우리나라 축구대표팀이 독일을 2대0으로 격파한 것처럼 공직자 여러분도 목표한 것들을 끝까지 포기하지 말고 성취하여 신나고 행복하게 살아야 한다.

1 ___ 벼랑 끝 반전

'궁즉통窮則通'은 '궁하면 오히려 통하는 데가 있다.'는 뜻으로, 매우 궁한 처지에 이르면 도리어 역경을 헤쳐 나갈 방법이 생긴다는 말이다. 궁즉통은『주역』에 나오는 '궁즉변窮則變, 변즉통變則通, 통즉구通卽久'를 줄인 말로, 본래의 뜻은 '궁하면 변하고, 변하면 통하며, 통하면 오래간다.'라는 의미이다. 궁즉통처럼 벼랑 끝에 선 태극전사들이 반전을 일으키겠다며 이를 악물고 죽을 각오로 뛰어 독일을 격파했다.

『주역』은 계절이 봄, 여름, 가을, 겨울로 변하는 것처럼 사물의 변화를 궁窮, 변變, 통通, 구久의 4단계로 설명한다. 이는 도저히 막히고 답이 없어 '궁하면 변하게 되고, 변하면 답을 찾아 통하며, 통하면 오래간다.'는 말이다. 그러나 오래가면 결국 다시 궁하게 되므로 '변變'을 가장 중시한다. 또한『주역周易』에서 역易은 '바뀌다, 변화하다'는 뜻으로, 사람의 운

명이나 역사 등 모든 것이 변화하니 공직자 여러분도 지금 새롭게 변화하여 신나게 행복한 삶을 살아가길 희망한다.

2 ___ 약속 지키기

『사기』에 나오는 '계포일낙季布一諾'은 '계포季布가 한번 한 약속'이라는 뜻으로, 틀림없이 약속을 지킨다는 말이다. 초楚나라의 계포는 한번 승낙한 일이면 꼭 실행하여 약속을 잘 지키는 사람이었다. '일낙천금一諾千金'은 '한번 한 승낙이 천금의 가치가 있다.'는 뜻으로 한번 한 약속은 반드시 지키는 것을 비유하는 말이다. 우리나라 축구대표팀은 러시아로 출국하기 전 '한 발 더 뛰겠다.'라고 약속했다. 기적을 일군 독일전에서 한국팀이 뛴 총 거리는 118㎞로 115㎞를 뛴 독일보다 3㎞가 많았다. 한국팀이 '한 발 더 뛴다.'는 약속을 지켜 독일을 격파했듯이 공직자 여러분도 서로 약속을 잘 지켜 서로 믿을 수 있고 신나고 행복한 나라를 만들어야 한다.

3 ___ Never give up(절대 포기하지 마)!

처칠이 영국 수상으로 있던 시절에 한, 생애 최고의 연설이며 가장 짧은 연설은, 옥스퍼드대학교의 초청을 받고 학생들에게 한 연설로 'Never give up!'이다. 이번 러시아 월드컵에서 우리나라 선수들이 넣은 3골이 모두 추가시간에 나온 것은 선수들 모두 끝까지 경기를 포기하지 않았기 때문에 가능했다.

'실패는 성공의 어머니'라는 말이 있듯이 실패를 딛고 일어선 사람이 성공도 할 수 있다. 그래서 성공의 반대말은 실패가 아니라 포기라고 한다. 포기하면 성공을 할 수가 없기 때문이다. 그러므로 공직자 여러분도 끝까지 꿈을 포기하기 말기를 당부한다. Never give up! 그러나 우리가 살면서 버릴 것도 있다. 『논어』에 나오는 '과유불급過猶不及'은 '정도를 지나침은 미치지 못함과 같다.'는 말로 지나친 것 즉, 과욕, 과식, 과음. 과로 등과 적폐와 부정부패는 과감히 내던져야 한다.

4 ___ 다른 산의 돌

『시경』에 나오는 '타산지석他山之石'은 '다른 산의 돌'이라는 뜻으로, 다른 산에서 나는 거칠고 나쁜 돌이라도 숫돌로 쓰면 자기의 옥을 갈 수가 있으므로, 다른 사람의 언행에서 깨닫고 배우라는 말이다. 아시아에서 월드컵에 진출한 일본, 이란, 호주, 사우디아라비아가 선전을 하는 가운데 우리나라가 만약 3패를 했다면 아시아에서 출전한 국가 중 꼴찌가 되어 웃음거리가 될 뻔했다. 아시아 다른 국가들의 선전에 자극을 받아 '아시아 축구맹주'의 자리를 내놓지 않겠다는 선수들의 투지가 전차군단 독일을 멈추게 한 기적을 만들어 냈다.

제5부

신국信國

신나게 공정한 신뢰 국가

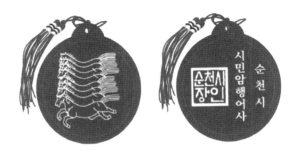

어사御史 이몽룡의 한시

금준미주 천인혈金樽美酒 千人血

옥반가효 만성고玉盤佳肴 萬姓膏

촉루락시 민루락燭淚落時 民淚落

가성고처 원성고歌聲高處 怨聲高

● 금 술잔의 향기로운 술은 만백성의 피요,
  옥쟁반의 맛 좋은 안주는 만백성의 기름이라.
  촛불의 눈물 떨어질 때 백성의 눈물 떨어지고,
  노랫소리 높은 곳에 원망 소리 높구나.

──── 암행어사 이몽룡이 남원에 당도하여 남원부사 변학도의 포학하고 가혹
한 행정을 바로잡고 신나게 공정한 신뢰 국가를 이루려고 읊은 한시

● 사진: 순천시의 시민암행어사패

순천시청이 반부패 · 청렴을 위해 2019년 2월 21일 시민암행어사 제도 도입

제8장

신뢰와
코페르니쿠스적 발상 전환

공직 / 국민 / 한국 / 세계 / 평화

방탄소년단 성공 DNA

　방탄소년단(BTS)*은 래퍼 3명(RM, 슈가, 제이홉)과 보컬 4명(진, 뷔, 지민, 정국)으로 구성된 우리나라 7인조 남성그룹으로 빅히트엔터테인먼트 소속이며, 2013년 6월 13일「No More Dream」으로 데뷔했다. 데뷔 당시에는 20대가 2명, 10대가 5명(7명: 1992~1997년 출생)으로 방탄소년단에는 '10대와 20대에 대한 사회적 편견과 억압을 총알 막아내듯 막아내고(방탄) 당당히 자신들(소년단)의 음악과 가치를 지켜내겠다.'라는 심오한 뜻이 담겨 있다.

---

* 김성철, 『THIS IS 방탄DNA』, 독서광(2017), p. 39~57.

방탄소년단(이하 BTS)은 탄알이 아니라 소년들에 대한 기성세대의 '세상 편견과 억압'에 노래 가사로 맞서 싸워 전 세계 소년들의 마음을 사로잡았다. 2018년 9월 3일 최신 차트를 미리 소개한 빌보드 뉴스에 따르면, 『빌보드(Billboard: 미국의 음악잡지, 1894년 뉴욕에서 창간)』 메인 앨범 차트(1936년부터 발표한 대중음악의 인기 순위)인 '빌보드 200'에 2018년 5월(『러브 유어셀프 전 티어 LOVE YOURSELF 轉 Tear』)에 이어 두 번(『러브 유어셀프 결 앤서 LOVE YOURSELF 結 Answer』)*이나 1위에 오르는 영광을 차지해서 우리나라를 신나게 했다.

이는 빌보드 역사상 19번째 기록으로, BTS는 한 해에 대중음악 앨범 두 장을 '빌보드 200' 정상에 올린 가수로 온 세계의 주목을 받고 있다. 빌보드 차트 1위에 영어가 아닌 외국어(한국어) 앨범이 등극한 것은 2006년 이후 12년 만의 일이라고 한다. '빌보드 200'은 『빌보드』의 주된 앨범 차트로 한 주 동안의 음반 판매량, 디지털 음원 판매량 및 스트리밍 실적 등을 기반으로 차트(순위)를 결정한다.

BTS가 '빌보드 200'에 세 번이나 1위의 쾌거를 달성하게 된 성공 DNA을 지성감천, 어변성룡, 별수일치 등의 성어를 사용하여 설명하니, 공직자 여러분도 국위를 선양하고 있는 '자랑스러운 한국의 별' BTS를 통해 다시 한 번 우리 민족의 저력을 확인하고, 한반도 시대를 열고 세계

---

* BTS가 K팝의 힘과 지구촌 팬의 사랑을 통해 전 세계에서 새로운 주목을 받고 있다. 2019년 4월 BTS는 미국 시사주간지 타임(TIME)이 선정한 2019년 '세계에서 가장 영향력 있는 100인'에 뽑혔다. BTS의 새 앨범 「맵 오브 더 소울: 페르소나(MAP OF THE SOUL: PERSONA)」가 '빌보드 200'에 또 1위(3번째)를 차지했고, 한국 가수 사상 처음으로 영국 오피셜 메인 앨범 차트로 불리는 '오피셜 앨범 차트 톱 100'에서 첫 1위를 차지했다.

를 리드할 국력을 배양하는데 앞장서기를 기대한다. 또한 뜨거운 관심을 가지고 열심히 응원하면서 제2, 제3의 BTS가 계속 나오도록 분위기와 생태계를 조성하여 국민이 신나는 신뢰 국가를 만들어야 한다.

1 ___ 지성이면 감천

'지성이면 감천'이나 '지성감천至誠感天'이란 '무엇이든 정성精誠(참되고 진실한 마음)껏 최선을 다하면 하늘이 움직여 좋은 결과를 맺는다.' 즉, 지극한 정성은 하늘도 감동시킨다는 뜻이다. 다른 많은 '아이돌IDOL(우상이라는 뜻으로, 젊은이들에게 인기 있는 젊은 연예인)'이 사랑, 이별, 고백노래만을 고집하지만 BTS는 자신들의 고민을 가사로 적어서 팬들과 소통하며 사회를 비판하고, 자신들의 젊음과 인생을 노래한다. 자신들의 이야기를 직접 곡에 담고 사소한 일상생활까지 SNS를 통해 공개하는 등 정성껏 최선을 다했기 때문에 전 세계 소년들이 더욱 공감을 하고 팬클럽 '아미'도 결성되었다. 아미ARMY(군대)는 방탄복과 군대는 항상 함께하기 때문에 '방탄과 팬클럽도 항상 함께한다.'라는 의미이다. 또한 'Adorable Representative M.C for Youth'의 약자로 '청춘을 위한 사랑스러운 대표자'라는 뜻도 있다.[*]

2 ___ 개천에서 용 난다(흙수저에서 월드스타로!)

'어변성룡魚變成龍'은 '물고기가 변하여 용이 된다.'는 뜻으로, '개천에서 용 난다.'라는 속담과 상통하는 말이지만 모든 물고기가 용이 되는 것

---

[*] 김성철, 『THIS IS 방탄DNA』, 독서광(2017), p. 22.

이 아니라, 열심히 그리고 끈기 있게 노력하는 물고기만이 용이 될 수 있다. BTS 멤버 7명 중 리더 RM(김남준)이 서울에서 출생하고 일산에서 성장한 것 외에는 나머지 6명 멤버 모두 지방 출신이고, 소속사도 메이저 기획사가 아닌 중소기획사여서 처음에는 BTS를 '흙수저 아이돌'이라고도 불렀다. 이런 BTS가 데뷔했을 때는 콘서트도 한번 못하고 사라질 것이라는 악플(악성 댓글 또는 악성 리플Reply), 대상은 절대 못 받을 것이라는 비난 등이 있었고, BTS의 노래 속에도 자신들이 받은 이런 편견과 질시가 고스란히 담겨 있어 더욱더 공감하게 되었다. 그래서 BTS가 뜨기 시작할 무렵 언론은 '흙수저 아이돌의 반란'이라는 표현도 썼다. BTS는 『피, 땀, 눈물(2017년 발매된 BTS 앨범)』어린 열정과 피눈물 나는 노력으로 물고기(흙수저)에서 용(월드스타)이 되어 흙수저들뿐만 아니라 금수저들도 신나게 했다.

3 ___ 차별화와 독창성

'별수일치別樹一幟'는 '남과 다른 방법 · 격식 · 주장 · 학설 따위를 세운다.'라는 말로, '스스로 학파를 세우거나 국면을 헤쳐 나갈 독창적인 것을 만들다.'라는 뜻이다. BTS는 데뷔 초기인 2013~2014년에는 '학교'를 주제로 10대의 고민 및 열정과 사랑을, 2015년에는 앨범 『화양연화(花樣年華: 인생에서 가장 화려하고 아름다운 시기)』에서 '청춘'을 주제로 청춘의 현실과 걱정 및 불안을, 2017년부터는 '사랑' 시리즈 기승전결을 새롭게 시작하는 등 연작시리즈를 발표했다. 게다가 차별화된 퍼포먼스인 칼군무와 영어가 아닌 한국어(외국어) 앨범으로 BTS만의 독창적인 방법과 격식을 선보여 새로운 팝 음악의 경지(별수일치)를 열었고, '빌보드 200' 정상을 세 번이나 차지하며 또다시 K팝의 역사를 새로 썼다. 한국어로 제작된 앨범은 팬덤Fandom 아미ARMY가 중국에서는 중국어로, 일본에서는 일본어로, 아랍에서는 아랍어로, 기타 지역은 그 지역의 언어로 각각 번역하여 퍼뜨린다.

4 ___ BTS의 경제적 효과

현대경제연구원이 2018년 12월 18일 발표한 「BTS의 경제적 효과 보고서」에서, 세계적 인기를 얻고 있는 아이돌그룹 BTS의 우리나라 경제적 효과가 연평균 5조6,000억 원에 이를 것이라고 한다. BTS 콘서트 관람 등을 목적으로 우리나라를 찾는 외국인 관광객이 늘어나고, 광고나 소셜네트워크서비스를 통해 의복류, 화장품, 음식류 등 소비재에 대한 외국인 소비가 증가하기 때문이라고 밝혔다(현대연, "방탄소년단 경제적 효과 연평균 5.6조 원", 『머니투데이』 2018.12.18.).

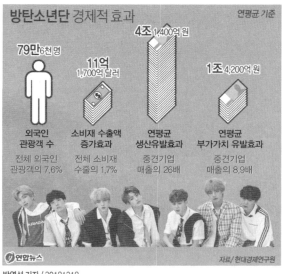

박영석 기자 / 20181218
트위터 @yonhap_graphics, 페이스북 tuney.kr/LeYN1

인치에서 법치로!

'짐朕이 곧 국가'라던 절대군주시대는 권력자의 말과 뜻이 법과 질서가 되었다. 군주(사람)에 의한 지배 즉, 인치人治의 시대였고, 국민의 기본권이 침해될 가능성이 매우 높아서 국민의 기본권을 보장하기 위해서 등장한 정치 원리가 법치주의法治主義이다. 법치주의는 넓게는 법에 의한 정치를 말하며, 절대주의 국가를 부정함으로써 성립한 근대 시민국가의 정치 원리인데, 구체적으로 실현된 것은 나라마다 역사적 사정에 따라 다르다. 영미英美국가에서는 '법의 지배'로, 유럽 대륙에서는 법치국가로 발전하였다.

법치는 형식적 법치와 실질적 법치로 나뉜다. '형식적 법치(근대적 법치주의)'는 말 그대로 겉모양만 법에 의할 뿐, 법률의 목적이나 내용을 문제 삼지 않고 단순히 법에 의한 지배로 통치의 합법성을 강조하여 법에 의한 독재(예: 나치시대 수권법, 우리나라 유신헌법)를 가능하게 하였다. '실질적 법치(현대적 법치주의)'는 통치의 합법성뿐만 아니라 법률의 목적과 내용이 정의에 합치해야 한다. 실질적 법치는 통치의 정당성을 강조하고 인간의 존엄성, 실질적 평등과 같은 정의 실현을 내용으로 하므로 실질적 법치가 실현되어야 국민의 기본권이 제대로 보장되고 국민이 신나게 되고 국가를 신뢰하게 된다. 우리나라는 법치를 표방하면서도, 실제 내용은 법치가 아닌 '인치'에 머물러 있다는 말을 많이 한다. 사목지신, 조령모개, 이현령비현령 등의 성어에서 실질적 법치에 관한 지혜를 얻고자 한다.

1 ___ 신뢰 국가 만들기

『사기』에 나오는 '사목지신徙木之信'은 '나무를 옮겨 신뢰를 얻었다'는 뜻으로, 위정자爲政者가 백성을 속이지 않고 약속을 지키는 것을 의미한다. 이목지신移木之信이라고도 한다. 전국시대 진秦나라 재상 상앙商鞅은 엄격한 법률을 제정하여 강력한 법치주의로 천하통일의 기틀을 마련했지만, 처음 법률을 제정했을 때는 백성들이 법령을 믿어 주지 않을까 염려되어 포고도 하지 못했다. 궁리 끝에 상앙은 3장三丈이나 되는 높은 나무를 전통시장의 남문에 세우고 "이 나무를 북문北門으로 옮겨 놓는 자에게는 10금을 준다."라는 포고문을 붙였다. 이상한 포고문이라고 생각하고 아무도 나무를 옮기지 않아 "이 나무를 옮기는 자에게는 50금을 준다."라는 새로운 방榜을 붙였더니 어떤 사람이 나무를 북문에 옮겨 놓았다. 상앙은 즉시 50금을 지급하면서 나라가 백성을 속이지 않는다는 것을 믿게 했다. 이렇게 백성들의 믿음을 얻고 나서 법령을 반포한 지 10년이 되자 길에 떨어진 물건을 줍는 사람이 없었고(도불습유道不拾遺) 도적들도 자취를 감추었을 뿐만 아니라 국민의 살림살이는 한결 윤택해져, 국민이 국가를 신뢰하게 되었다.

2 ___ 실질적 법치

우리나라는 법치 간판을 걸어놓고 인치를 하기 때문에, 입법기관인 국회에서 제정한 법률보다도 '뗏법(생떼법)과 주먹법'이 우선한다는 우스운 말이 있다. '유전무죄 무전유죄' '감형, 가석방 및 특사' 등이 자주 발생하는 현실을 보면, 모든 국민이 법 앞에 평등한 것이 아니라 법 앞에 불평등하며, 법은 권위적이며 친근하지 않다고 느끼는 국민이 많다. 또

법보다 재산이나 권력의 힘이 더 크고, '법과 규칙을 잘 지키는 사람이 존경받기보다는 오히려 손해를 본다.'라고 느끼는 사람도 적지 않은 것 같다.

세계사를 보면, 서양의 법치주의는 험난한 과정 끝에 쟁취한 값진 열매이다. 절대군주의 무한한 권력에 대항하여 근대 시민의 자유를 쟁취하기 위해 수백 년에 걸친 투쟁의 산물이 법치다. 법치의 과정은 피로 얼룩지기도 했고, 또다시 절대왕권이라는 과거로 회귀하는 비극도 있었다. 처절한 역사적 경험을 통해 법치를 깨우친 시민들의 노력으로 자유와 기본권이 서서히 확대되고, 자유와 권리를 보장하는 '실질적 법치주의'라는 제도적 성숙도 함께 이루어졌다.

서구의 실질적 법치주의는 합리적이고 이성적이며 과학적이다. 법을 적용할 때에는 '조령모개朝令暮改(아침에 명령이 내려오면 저녁에는 또 다른 명령이 고쳐 내려오는 것처럼 법령을 자꾸 고쳐 갈피를 잡기 어렵다는 뜻)' 및 '이현령비현령耳懸鈴鼻懸鈴(귀에 걸면 귀걸이 코에 걸면 코걸이라는 뜻으로, 어떤 사실이 이렇게도 저렇게도 해석됨을 이르는 말)' 식의 불합리적이고 비과학적인 주먹구구는 찾기 어렵다. 실질적 법치국가는 분명한 증거를 토대로 합리적·과학적 논증에 의해서 법을 적용하므로 국민의 기본권이 보장되고, 국민의 법의식도 높아진다. 그러므로 입법부(국회)는 평등하고 정의로운 법을 제정하고, 행정부는 공정하고 합리적으로 법을 집행하고, 사법부(법원)는 공정한 재판을 통하여, 삼부(입법부, 행정부, 사법부)는 우리나라를 신나게 공정하고 신뢰가 넘치는 실질적 법치국가를 만들어야 한다.

갑질에서 역지감지로!

계약의 '갑을^{甲乙}관계'에서 연유한 '갑^甲질'은 석차나 등급에서 으뜸을 나타내는 '갑'과 직업이나 직책에 비하하는 뜻을 더하는 접미사인 '-질'을 결합해 만든 단어로, 권력의 우위에 있는 갑이 권리관계에서 약자인 '을'에게 행하는 부당한 행위를 말한다.

갑의 무한한 권력을 꼬집는 '슈퍼 갑' '울트라 갑'이라는 말도 있고, 갑처럼 군림하려 하는 사람을 '갑 마인드'를 가진 사람이라고도 한다. 공직자 여러분은 '갑질Gapjil'이 사라지고, 갑과 을이 서로 상생^{相生}하여 신뢰와 행복이 넘치고 신나는 우리나라를 만들기 위한 분위기를 조성해야 할 뿐만 아니라 공직자 자신에게도 갑질이 있으면 개선하여야 하므로 갑질 유형과 역지감지, 상행하효 등을 소개한다.

1 ___ 대표적 갑질 유형: 오너형 갑질, 제품강요(밀어내기) 갑질,
열정페이 갑질, 가맹본부의 갑질 등

오너형 갑질(몽고식품 김 명예회장 갑질, 대한항공 회항 갑질, 한국미래기술 양 회장 갑질 등)은 가장 흔한 종류의 갑질이다. 오너형 갑질은 기업의 회장이나 대표자 혹은 그 가족들이 직원들을 마치 물건 다루듯 마구 대하거나 폭언, 폭행을 하는 갑질이다. 제품강요 갑질(대리점에 상품을 강매한 남양유업의 갑질, 매출목표를 할당하고 매입을 강요하는 갑질 등)은 주로 상품을 납품하거나 혹은 납품을 받는 기업('갑')이 소규모 기업이나 사업자('을')들에게 납품을 강요하거나, 강제로 제품을 구입하라고 밀어내는 부당한 행

위이다. 열정페이 갑질은 취업이 어렵고, 일자리가 아쉬운 사람들의 입장을 악용해 기업('갑')들이 무급 또는 최저임금에도 못 미치는 급여를 주면서 일을 시키는 것이다. 가맹본부의 갑질은 가맹본부가 가맹점주에게 하는 부당한 행위이다. 즉 가맹본부의 일방적 가맹계약 해지와 상생협약 파기, 필수물품 구매강요, 인테리어 강요, 과도한 할인행사 등이 일반적인 사례이다.

2 ___ 역지감지

역지사지易地思之는 『맹자』에 나오는 '역지즉개연易地則皆然'이라는 말에서 비롯되었으며, 다른 사람의 처지에서 생각하라는 뜻이다. 자기 논에만 물을 끌어넣는다는 아전인수我田引水와는 상반된 의미이다. 아전인수는 자기에게만 이롭게 생각하거나 행동하며 남을 배려하지 않는다는 점에서 갑질과 유사하다. 역지사지에서 '사思'를 '감感'으로 바꾼 역지감지易地感之는 다른 사람의 처지에서 생각도 하고 더 나아가 다른 사람과 감정을 교류하며 느낌을 같이한다는 의미이니, 누구나 역지사지와 역지감지의 마음이 있으면 갑질을 하려고 해도 갑질을 할 수가 없다.

3 ___ 윗물이 맑아야

동한東漢 반고班固의 『백호통白虎通』에 나오는 '상행하효上行下效'는 '윗사람이 행하는 옳고 바른 일을 아랫사람이 본받고 따른다.'는 뜻이다. 상행하효는 우리 속담인 "윗물이 맑아야 아랫물이 맑다."와도 유사하므로, 지도자, 대기업, 공직자 등 '갑'의 입장이나 지위에 있는 사람들은 '을'의 입장을 고려하여 갑질을 하지 말고 솔선수범의 자세로 일해야 한다. 반면 '상탁하부정上濁下不淨'은 윗물이 흐리면 아랫물도 깨끗하지 못하다는 말로, 윗사람의 몸가짐이 바르지 못하면, 아랫사람의 행실도 바르지 못하다는 말이지만 반어적으로 윗물이 맑아야 아랫물이 맑다는 것을 강조한다.

4 ___ 리세스 오블리주Richesse Oblige

압축성장(Compressed Growth)이란 초고속으로 이뤄진 경제성장 즉, 짧은 기간 동안 이룬 급격한 경제성장을 일컫는다. 우리 경제가 지난 60년간 압축성장을 통해 눈부신 발전을 해왔으나 그 이면에는 항상 성장위주의 경제운용에 따른 부작용과 어두운 그늘이 존재하였다. 양적인 성장만을 추구하는 가운데 소득 불평등과 양극화가 극심해졌고 급기야 성장동력마저 상실하고, 특권과 반칙이 난무하는 가운데 공정하지도 정의롭지도 않은 사회가 되다보니 정당하게 살거나, 정당하게 돈을 벌어야 한다는 부에 대한 의식보다도 자녀의 학군관리를 위한 위장전입이나 부동산 투기나 시세차익을 얻기 위해 뛰어 다니는 몰지각한 사람들이 많았다.

전통 사회에서는 가난한 선비와 부유한 상인의 경우처럼 부와 명예가 일치하지 않는 경우가 많았다. 하지만 돈이 곧 권력인 현대사회에서는 부를 축적한 사람들이 사회적으로 높은 지위에 오르는 구조가 되었다. 따라서 부유층에게도 그동안 지도층에게 적용되던 도덕적 책임이 강조되는 배경이 만들어진 것이다. 리세스 오블리주는 영연방의 유대교 최고지도자인 조너선 삭스가 그의 저서 『차이의 존중』에서 사용한 개념으로, 지도층의 의무를 강조하는 노블레스 오블리주Noblesse Oblige처럼 부富

에도 도덕적 의무와 사회적 책임이 수반된다는 의미이다. 그는 이 책에서 현대사회의 소비문화가 차별적이고 불안정한 결과를 불러왔으며 도덕감마저 약화시켰다고 언급하고 있다. 즉, 우리가 현대사회의 비인간적인 면을 극복하고 일종의 부속품으로 전락하지 않기 위해서는 도덕을 통한 사회적 변화가 필요하다는 것이고, 정당한 행위로 부를 축적할 것은 물론 사회에 대한 책임감을 강조한다. 반대로 리세스 오블리주를 이미지 메이킹의 시도로 악용하는 경우도 있다. 지나친 이윤 추구만으로 부도덕적인 행동을 하다가 갑질 등 사회적 비난을 무마하기 위해 상당 금액을 사회에 환원하겠다고 한다. 이것은 진정한 의미의 리세스 오블리주라고 할 수 없다(출처: 잇따르는 재벌 갑질 사태, 부자에게 요구되는 '리세스 오블리주' 『시선뉴스』 2018.9.2.).

댓글 조작(가짜 뉴스)에서 공정한 신뢰 국가로!

드루킹(필명) 김 모 씨 일당이 댓글의 추천 수를 조작했다는 사건과 이명박 대통령 정권 시절 국가정보원 댓글 조작 사건은 유사하다. 온라인 공간에서 여론에 영향을 주려는 정치적 의도에서 댓글을 조작했다는 공통점이 있다. 법률 전문가들은 엄격한 정치적 중립 의무가 있는 국가기관이 조직적으로 개입했는지 여부에 따라 두 조작 사건은 본질적 차이가 있다고 말한다. 본질적 차이가 있든 없든 즉, 댓글 조작을 국가기관이 했든 개인이 했든 앞으로 누구도, 어떤 기관도 '댓글 조작'을 하지 말아야 한다. 거짓 조작이 없고 가짜 뉴스도 없는, 공정하고 신뢰하며 믿

을 수 있는 대한민국을 만들어야 한다. 그래서 삼인성호와 옥석구분 등의 성어를 소개한다.

1 ___ 세 사람이 호랑이 만들기

'삼인성호三人成虎'란 '세 사람이 입을 모으면 호랑이를 만들 수 있다.' 즉, 거짓말이라도 여럿이 말하면 참말이 된다는 뜻으로, 거짓 댓글이나 가짜 뉴스도 여럿이 조작하면 사실처럼 된다는 말이다. 『전국책』 위지魏志를 보면, 위魏나라 대신 방총龐蔥이 조趙나라에 인질로 가는 태자를 수행하게 되자, 방총이 위나라 왕에게 호랑이가 시장에 나타났다고 한번 말하면 믿지 못하겠지만 여러 사람이 차례로 와서 호랑이가 나타났다고 말하면 왕께서는 믿게 될 것이라고 전제를 한 후, "시장에 호랑이가 나타나지 않는다는 것은 누구나 잘 알고 있는 사실입니다. 그런데도 세 사람이 똑같이 호랑이가 나타났다고 말하면 나타난 것이 됩니다."라고 말하였다. 그 후 방총이 귀국하자 위나라 왕은 측근들의 말에 현혹되어 방총을 만나지 않았고, 결국 방총은 조정에 복귀하지 못했다. 이로부터 삼인성호는 설사 거짓이라고 하더라도 여러 번 반복하다 보면 믿게 될 수밖에 없음을 의미하는 표현이 되었다.

2 ___ 옥석玉石의 구분區分

『서경』에 나오는 '옥석구분玉石俱焚'은 '옥(좋은 것/사람, 진실 등)과 돌(나쁜 것/사람, 거짓 등)이 함께 탄다.'는 뜻으로, 곧 나쁜 사람이나 좋은 사람이나 다 같이 재앙을 당한다는 의미이다. 일반적으로 사자성어 옥석구분玉石俱焚의 한자 표기를 玉石區分으로 아는 분들이 많은데, 사실은 그렇지가 않다. 玉石俱焚은 '옥이나 돌이 모두 다 불에 탄다.'는 뜻으로, 많은 사람이 잘못 쓰는 옥석구분玉石區分(옥과 돌을 구분하다.)과는 다른 뜻을 가지고 있다.

'기레기'는 수준 낮은 기사를 쓰는 기자를 비하해 부르는 속어로 '기자'와 '쓰레기'를 합한 신조어이다. 기레기는 편향된 기사, 선동 기사, 검증이 되지 않은 자료를 사용한 기사 등 질 낮은 기사를 쓴다. 정형화된 틀, 식상한 공식에 맞춰 '복붙'(복사하기+붙이기)하는 기사가 많고, 허위와 과장된 기사가 난무하다보니 기레기라는 비아냥거리는 말이 나왔다. 기사를 거꾸로 쓰면 '사기'가 되므로 허위와 과장된 기사 등을 쓰는 기레기들은 깊이 반성해야 하지 않을까?

정부가 댓글 조작, 거짓 정보 및 가짜 뉴스 등의 불법행위와 관련된 사항을 단속하고 있지만, 무한한 인터넷과 SNS 공간 등에서 이런 불법사항을 모두 차단하기에는 역부족이다. 돈으로 자신의 인기를 과시하고, 댓글 조작이나 거짓 정보나 가짜 뉴스를 만들어 다른 사람을 비방하고, 인신공격을 하는 것은 심각한 사회 문제이며 우리 사회를 불신의 늪으로 몰고 간다. 그러므로 대통령 등 지도자들은 댓글 조작이나 가짜 뉴스나 거짓 정보에 현혹되어 잘못된 판단을 하지 말고, 정부는 다각적으로 대책을 세워 가짜 뉴스 등을 사전에 차단하고, 국민들은 의식을 개선하여 가짜 뉴스 등에 속지 말고, 공직자들은 거짓과 사실에 대한 옥석을 잘 구분하여 공직을 수행하면서 언행을 삼가야 한다.

탈脫조선을 착着조선으로!

----

1 ___ 탈脫조선을 착着조선으로!
　　　 헬HELL조선을 헬로HELLO조선으로!

"한국을 탈출한다 국적포기자 3만 명 돌파… 10년 만에 최고"(『News1』, 2018.11.24.) 및 "한국 탈출 국적포기자 3만 명 돌파"(『중앙일보』, 2018.11.24.)라는 제목의 기사를 읽고 나서 탈조선과 헬조선이란 말이 갑자기 떠오른다. '탈(脫 벗을 탈)조선'은 탈출하고 싶은 한국(한국을 떠나 이민을 감)이라는 말이고, '헬조선'은 조선에 지옥이란 뜻의 접두어 헬Hell을 붙인 합성어로 '지옥 같은 한국 사회'라는 뜻이다.

그리고 '수저계급론'이란 부모로부터 물려받은 부富가 사회계급을 결정한다는 말로, 금수저는 금수저를 물고 태어났으니 좋은 가정환경과 조건을 가졌다는 말이다. 흙수저는 부모의 능력이나 형편이 넉넉지 못해 경제적 도움을 전혀 받지 못하는 사람이라는 뜻으로 금수저와 상반된 뜻이고 은수저, 동수저라는 말도 있다.

"우리나라의 생활 환경이 얼마나 열악하고 우리나라에서 얼마나 살기 싫으면 '탈조선, 헬조선'이란 말이 생겼을까?"라고 반문하면서, 국가도 공직자도 저자도 국민 여러분도 모두가 우리나라의 생활 환경을 양적·질적으로 개선하여 신나고 행복한 대한민국을 만들어야 한다고 생각한다. 그래서 저자는 탈조선의 '탈脫'자를 '착(着 붙을 착)'으로 바꿔 '한국에 머물러(붙어) 행복하게 산다.'는 '착着조선'으로, 헬조선의 헬HELL에 알파벳 'O'를 더하여 서로 다정하게 인사하는 '안녕하세요. 조선'이란 '헬로HELLO 조선'으로, 또는 헬조선을 '헤븐HEAVEN(낙원) 대한민국'으로 만들자는 운동을 제안하면서, '군군신신부부자자'와 '인인인인인'을 그 방법으로 제시하니 대통령과 정치인, 공직자뿐만이 아니라 우리 국민 모두가 신나게 신뢰받는 대한민국을 만드는 데 동참해야 한다.

2 ___ 신나는 신뢰 한국 만들기

❶ 군군신신부부자자君君臣臣父父子子,
정정경경법법문문교교민민政政經經法法文文教教民民

『논어』에 나오는 '군군신신부부자자'라는 말은 '임금(대통령)은 임금(대통령)답고, 신하(공무원)는 신하(공무원)다우며, 아버지는 아버지답고, 아들은 아들다워야 한다.'는 말로, 우리 모두 자신의 분수와 명분에 맞게 행동을 해야 한다는 의미이다. 그래서 우리나라 대통령 등 정치인은 정치인답게(政政), 경제인은 경제인답게(經經), 법관은 법관답게(法法), 문화인은 문화인답게(文文), 교수는 교수답게(教教), 그리고 주부와 학생 및 민관군 등 우리 국민 모두가 자기의 분수와 명분에 알맞게(民民) 살아간다면 당연히 우리나라가 저절로 '착着조선(저자 고안)과 헬로HELLO조선(저자 고안)'이라는 행복하게 신나는 신뢰 국가가 되리라고 확신한다.

❷ 인인인인인人人人人人, 국국국국국國國國國國

한자 수수께끼에 '인인인인인'이 무엇이냐는 5인人물음이 있다. 정답이 무엇일까? 그 답은 "사람(人 사람 인)이면 다 사람人인가, 사람人이 사람人다워야 사람人이다."라는 말이다. 이 말은 사람(인간)이라고 해서 다 사람이 아니고, 사람의 가치를 다하며 사람다운 사람만이 사람이라는 말이다. 즉 사람이 살아가는 세상에서 사람답게 살아야 한다는 의미이다.

'국국국국국'은 "국가(國 나라 국)이면 다 국가國인가, 국가國가 국가國다워야 국가國이다."라는 말이다. 이 말은 국가(나라)라고 해서 다 국가가 아닌 국가의 역할을 다하며 국가다운 국가만이 국가라는 뜻이다. 즉, 국가와 국가기관, 공직자가 민간인을 사찰하는 등 불법을 저지르지 말고, 댓글을 조작하지 말고, 갑질 등을 하지 말고, 국가의 발전과 번영을 도모하고 국민의 안전과 행복과 화합을 위해 바른 역할을 다할 때 신나게 행복한 신뢰 국가가 된다는 말이다.

국회國會가 아닌 국회捯會

1988년 2월 25일 시행한 대한민국헌법(이하 헌법) 제1조 제2항에는 "대한민국의 주권은 국민에게 있고, 모든 권력은 국민으로부터 나온다."라고 규정되어 있어 우리나라의 주인은 국민이다. 국회는 국가의 주인인 국민을 대표하는 국회의원들이 모여 국민의 뜻에 따라 법을 만드는 입법기관이며 행정부를 감시하는 역할도 하기 때문에 헌법에서 국회의원의 특권과 의무를 규정하고 있다.

1 ___ 국회의원의 특권: 불체포 특권, 면책특권

헌법 제44조 제1항 "국회의원은 현행범인인 경우를 제외하고는 회기 중 국회의 동의 없이 체포 또는 구금되지 아니한다."라는 불체포 특권과 헌법 제45조 "국회의원은 국회에서 직무상 행한 발언과 표결에 관하여 국회 외에서 책임을 지지 아니한다."라는 면책특권이 있다.

2 ___ 국회의원의 의무: 청렴의무, 국가이익우선의무

헌법 제46조 제1항에는 "국회의원은 청렴의 의무가 있다." 제46조 제2항에는 "국회의원은 국가이익을 우선하여 양심에 따라 직무를 행한다."라고 국회의원의 청렴의무와 국가이익우선의무를 각각 규정하고 있다. 그러나 국가이익을 무시하는 우리나라 국회의원이 아주아주 많지만, 삼성보다 더 무서운 유치원을 건드려 비리 사립유치원 실명을 공개한 박용진 의원에게 뜨거운 박수와 격려를 보낸다. 박용진 의원과 같은, 국익과 공익을 우선하는 국회의원이 여당뿐만 아니라 야당에서도 더 많이 나오기를 기대한다.

3 ___ 국가이익우선의무 위반

'선공후사先公後私'는 '어떤 일을 할 때 사적인 욕심이나 편리함을 생각하기보다는 국익이나 공적인 일을 우선한다.'는 뜻이지만 우리나라 여야 국회의원들을 보면, 선공후사에 빗댄 '선당후사先黨後私, 선사후사先私後私'라는 말과 행동을 밥 먹듯이 한다. 선당후사는 국가이익보다도 소속 당의 이익이 더 중요하니 당론에 따르라는 뜻이고, 선사후사는 국회의원 본인의 이익을 먼저 추구하고 그 다음에도 사익을 추구하는 즉, 국가이익은 무시하고 처음부터 끝까지 국회의원 자신의 사익만을 추구한다는 것이므로, 국회의원들이 헌법상의 국가이익우선의무를 위반한 것으로 볼 수 있다.

4 ___ 국회掏會

한자 '국國'은 나라 '국'자로, 국회國會는 국민의 대표인 국회의원들이 모여 국가의 주인인 국민이 위임한 입법과 행정부를 감시하는 역할을 수행하면서 국익을 우선해야 하는 입법기관이며 대표기관이다. 그러나 파행국회, 법안이나 예산안 처리로 다투는 국회의원들의 추태, 입법정책 연구비 부당 사용, 각종 비리 관련 국정조사 여부에 대한 말싸움 등을 보면서, 대다수 국회의원들이 국가이익은 안중에도 없고 오직 소속당과 국회의원 본인의 이익만을 추구하는 것 같다.

'움킬 국(掬=扌+勹+米)'자는 손 수 변(扌=手)에 쌀포몸 부수인 포(勹)와 쌀 미(米)를 합친 글자로 '손에 쌀(자기의 이익)을 움켜쥐고 놓지 않는다.'라는 뜻이다. 저자가 보기에는 '국(國)'자를 '국(掬)'자로 바꿔, 소속당과 국회의원 본인의 이익을 움켜쥐고 놓지 않고 국가이익을 무시하는 무리들이 모여 있는 곳이 '국회掬會(저자 고안)'라고 생각된다. 그러므로 국회의원들이 국익우선의무를 지키기 전까지는 국회國會라는 말을 대신해 소속당이나 국회의원들 자신들만의 이익을 움켜쥐기만 하는 기관인 국회掬會라는 말을 사용하는 것이 더 적당하겠다.

사법농단과 사법권 확립

사법부司法府는 삼권분립주의와 법치주의에 입각하여 법을 해석하고 판단하여 적용하는 헌법기관이다. 입법부, 행정부와 함께 국가의 3대 권력 중 하나인 사법권을 관장한다. 입법부는 법을 제정하고, 행정부는 법을 집행하며, 사법부는 구체적인 법률상 분쟁이 있어 사건 당사자가 소송을 제기한 행정소송, 민사소송, 검사가 기소한 형사사건의 합법

성 여부를 판단하고 심판함으로써 법질서를 유지하는 역할을 한다. 즉, 사법부는 공정한 재판을 통하여 국가 공권력에 의한 분쟁 해결, 질서 유지, 국민의 기본권 보장에 기여한다. 공정한 재판을 위해 무엇보다 중요한 것은 사법부의 독립이다. 사법부는 법관으로 구성되며, 대표는 대법원장이다. 헌법 제103조에는 "법관은 헌법과 법률에 의하여 그 양심에 따라 독립하여 심판한다."라고 규정하여 법관의 신분을 보장하고 있다.

1 ___ 사법농단司法壟斷

사법농단은 법을 심판하는 사법부가 국민들을 위한 공익을 추구하거나 정의를 실현하는 것에 사법 권력을 행사하지 않고 반헌법적으로 특정 집단의 사익을 위해 이익이나 권리를 독점하였다는 뜻으로 쓰인다. 사법농단은 개인 또는 주변의 비선 실세(권력자 주변의 비밀 조직) 등 즉, 권력자 주변에 있는 소수 집단의 이익을 위해, 다수의 국민 또는 이해관계자들을 기만하고 속이고 다수에게 피해를 주면서, 사법 권력을 악용하는 일체의 행위를 말한다. 이런 행위에는 외제 승용차 또는 거액의 뇌물을 수수한 비리판사 수사를 막기 위해 대법원 조직을 이용한 검찰 협박, 재판 거래, 일선 법원의 현금을 횡령한 비자금 조성 등이 있다(위키백과 참조).

2 ___ 사법부司法府가 아닌 사법부詐法府

한자 '司(맡을 사)'는 '맡다(어떤 일에 대한 책임을 지고 담당하다.)'라는 뜻으로 '사법司法'은 어떤 문제에 대하여 법을 적용하여 적법성과 위법성, 권리관계 따위를 확정하여 심판하는 일이다. 반면 '詐(속일 사)'는 '속이다'는 뜻으로 '사법詐法'은 법을 속여 특정한 집단의 사익을 위해 이익이나 권리를 독점하였다는 것으로 볼 수 있다. 그래서 사법농단을 함부로 자행한 일부의 사법부를 '司'자를 '詐'자로 바꿔, 법을 속이고 국민을 속인 사법부詐法府(저자 고안)라고 불러야 하겠다.

3 ___ 사법권 확립

앞으로 사법부를 구성하고 있는 법관들은 헌법과 법률에 의하여 그 양심에 따라 독립하여 심판하는 공정한 재판을 통하여, 사법권을 확립하고, 국가질서유지, 국민의 기본권 보장, 신뢰 국가 만들기에 앞장서야 하며, 두 번 다시 국민과 법을 속여 특정 집단의 사익을 위하는 사법부詐法府라는 오명을 들어서는 아니 된다. 아울러 정부나 국회나 기타 제3자 등 우리 모두는 사법권 확립을 위해 공정한 재판을 방해하는 부당한 간섭을 하지 말아야 한다.

국회掏會와 사법부詐法府가 해야 할 일

소속당과 국회의원 본인의 이익을 움켜쥐고 놓지 않고 국익을 무시하는 무리들이 모여 있는 '국회掏會'와 국민과 법을 속이고 특정 집단의 사익을 위해 권리를 독점하고 사법농단을 자행한 일부의 '사법부詐法府'가 앞으로 해야 할 일은 무엇일까? 그 해답을 '빙공영사' '숭고한 정신' '삼인행필유아사'에서 찾고자 한다.

1 ___ 공익을 빙자한 사익 추구에서 벗어나기

'빙공영사憑公營私'는 '공적인 일을 빙자하여 사적인 이득을 꾀한다.'는 말이다. 즉, 공적인 일을 하는 사람이 공적 재산을 사적으로 이용하거나, 국가권력을 사익을 위해 사용하거나, 공적인 이름을 빌려 자기만을 이롭게 한다는 뜻으로, 빙공영사의 대표사례는 국회掬會와 일부의 사법부詐法府이다. 세상에 각종 비리가 끊임없이 발생하는 것은 공적인 일을 하는 사람들이 자기를 살피지 않고 빙공영사의 유혹에 빠지기 때문이다. 특히 국회의원, 법관 및 검사, 시·구의원 등 사회지도층과 공적인 일을 하는 사람들이 빙공영사하게 되면 사회 기강이 무너지고 사회에는 불신풍조가 만연하게 되므로 빙공영사에서 벗어나야 한다.

2 ___ 숭고한 정신

2018년 10월 3일 새벽 3시경 할머니를 도와 함께 횡단보도를 건너다가 과속으로 달려오던 차량에 치여 장기를 기증하고 사망한 제주한라대학교 1학년 고故 김선웅 씨 등이 진정한 시민 영웅(이 책 p.134 참조)으로 칭송되고 있다. 자기를 희생하며 위험을 무릅쓰고 위급하고 어려운 다른 사람을 돕는 시민 영웅의 숭고한 정신은 우리 사회를 지탱하는 원동력이며 우리에게 진한 감동을 주어 갈수록 삭막해지는 우리 사회를 따뜻하게 한다. 그러므로 국회掬會의 국회의원과 일부 사법부詐法府의 법관들은 우리 사회 곳곳에서 묵묵히 자기를 희생한 시민 영웅들의 숭고한 정신을 본받아 국익과 국민을 위하는 입법 활동과 공정한 판결을 해야 한다.

3 ___ 잘못된 관행 바로잡기

『논어』에 나오는 '삼인행필유아사三人行必有我師'는 '세 사람이 길을 같이 걸어가면 반드시 나의 스승이 있다.'는 뜻으로, 어디라도 자신이 배울 만한 것은 있으니 좋은 것은 본받고 나쁜 것은 살펴 스스로 고쳐야 한다는 말이다. 따라서 국회掬會는 법관의 사법농단을 거울로 삼고, 일부 사법부詐法府는 국회의원들의 선당후사를 본보기로 삼아, 둘 다 잘못된 관행을 바로잡아야 한다. 사회지도층인 국회의원과 법관들이 선공후사先公後私를 솔선수범하여야 미래에 희망이 있고, 우리나라를 신나게 공정한 신뢰 국가(신국信國)로 만들 수 있다.

청년들이 신나야 우리나라도 신난다!

우리나라 15~29세 청년실업률이 2018년 3월부터 두 자리 숫자인 11.1%가 된 후 계속 고공비행을 이어가고 있다. 이 수치는 경제협력개발기구OECD 35개 회원국 중 높은 편이다. 정부와 공공부문 등이 일자리 창출을 위해 애쓰고는 있지만, 청년들은 학교 졸업 후 괜찮은 직장을 얻기가 어려워서 비정규직 취업, 구직 활동, 구직 단념 등 많은 문제에 직면해 있다. 이렇다 보니 우리나라 청년 대다수는 불안과 걱정 속에서 살아가고 있다. 그러므로 우리 국민 모두가 우리 청년들에게 따뜻한 격려와 사랑을 베풀어 주길 바라고, 저자는 청년들에게 조금이나마 용기와 희망을 주기 위해서 유지경성, 남원북철, 군자표변, 화룡점정 등의 성어를 소개한다. 이 성어들에서 새로운 지혜를 얻어, 국가와 공직자 여러

분은 우리나라 청년들이 뜻을 세우고 꿈을 펼칠 수 있는 활동의 운동장을 만들어 주고, 젊은이들은 다시 일어나서 따뜻하고 멋진 빛을 발하게 된다면 국민도 공직자도 국가도 신나게 될 것이다.

1 ___ 뜻 세우기

『후한서』에 나오는 '유지경성有志竟成'은 '뜻을 올바르게 가지고 그것을 이루기 위하여 꾸준히 노력하면 반드시 성취할 수 있음'을 비유하는 말이다. 유지자사경성有志者事竟成이라고도 하니 청년들이여, 지금 상황이 어렵고 힘이 들어도 먼저 뜻을 세우자!

2 ___ 올바른 방향으로 전진

『전국책』에 나오는 '남원북철南轅北轍'은 '수레의 끌채(방향)는 남으로 향하고 바퀴는 북으로 간다.'는 뜻이다. 이 말은 한 마부가 남쪽에 있는 초나라에 간다고 하면서 남쪽으로 가지 않고 반대 방향인 북쪽으로 마차를 몰아가니 초나라와 점점 더 멀어져 가고 있다는 말로, 목적과 행동(방법/방향)이 서로 상반됨을 뜻한다. 『전국책』에 나오는 '화사첨족畵蛇添足'은 '뱀을 그리고 난 후에 뱀에는 없는 발을 더 그렸다.'는 뜻으로, 하지 않아도 될 일을 하거나 필요 이상으로 쓸데없는 일을 하여 오히려 실패한다는 말이다. 젊은이들이여, 뜻을 세우되(유지경성) 남원북철하거나 화사첨족하지 말고 올바른 방향을 찾아 전진 또 전진하자!

3 ___ 잘못 고치기

『역경』에 나오는 '군자표변君子豹變'은 '군자는 표범과 같이 변한다.'는 뜻이다. 즉, 표범의 털가죽이 아름답게 변해 가는 것처럼 군자는 자기 잘못을 고쳐 신속히 선善을 행하는 것을 말한다. 이 말은 원래 군자는 신속하게 자기를 개선하여 덕행을 쌓는다는 뜻으로 긍정적인 말이었으나 지금은 이제까지의 방식 또는 태도를 한꺼번에 바꾸어 버리는 사람이라는 부정적 의미를 나타내기도 한다. 그러므로 군자표변을 긍정적으로 해석하여 청년들이여, 방향이 틀리거나 잘못된 점이 있으면 즉시 바로 잡자!

4 ___ 끊임없는 노력과 마무리 잘하기

송宋나라 나대경羅大經의 『학림옥로』에 나오는 '수적천석水滴穿石'은 '작은 물방울이라도 끊임없이 떨어지면 결국에는 돌에 구멍을 뚫는다.'는 뜻으로, 작은 노력이라도 끊임없이 계속하면 큰일을 이룰 수 있다는 말이다. 『역대명화기』에 나오는 '화룡점정畵龍點睛'은 '용을 그린 다음 마지막으로 눈동자를 찍어 넣는다.'는 뜻으로, 일의 가장 중요한 부분, 가장 핵심이 되는 부분을 마무리함으로써 일을 완벽하게 마친다는 뜻이다. 그러므로 청년들이여, 부단한 노력을 하면서 끝마무리도 잘하여 뜻을 이루자!

5 ___ 분위기 조성

젊은이들은 우리나라의 기둥이고 미래다. 청년들이여, 여러분이 살아야 우리 대한민국도 산다. 그러므로 청년들이여, 뜻을 세워(유지경성) 방향을 바르게 정하고(남원북철) 끊임없이 노력하여(수적천석) 기필코 화룡점정하자! 그리고 기업은 물론 공직자와 국가도, 아니 우리 모두가 청년들이 유지경성하고 수적천석하며 화룡점정할 수 있는 사회 분위기를 만들고 일자리를 창출할 수 있는 생태계를 조성하여야 한다.

대화합: 네 가지 우스운 이야기

----

1 ___ 일치단결: 중심성성

'중심성성衆心成城'은 춘추시대 8국의 역사를 나라별로 기록한 책인『국어國語』에 나오는데, '여러 사람의 마음이 성을 만든다.'는 뜻으로, 여러 사람이 마음을 하나로 합치면 견고한 성과 같아진다는 말이다. 이 말은 우리 국민이 한 마음으로 일치단결하면 불가능한 일이 없다는 의미를 담고 있다. 아울러 여론의 힘이 큼을 의미하는 '중구삭금衆口鑠金(뭇사람의 말은 쇠도 녹인다.)'도 여기서 유래되었다.

중심성성의 고사를 요약하면, 춘추시대 말기 주周나라 경왕景王이 거대한 종을 만들려고 하자, 악사樂師(궁중음악 관리신하) 주구州鳩가 백성들에게 피해와 고통을 준다며 만류하였다. 경왕은 그 만류를 듣지 않고 거대한 종을 만들자, 주구는 "왕께서 거대한 종을 만드는 일을 백성들이 모두 찬성하여야 그 소리가 조화로울 수 있는 것입니다. 그런데 지금은 백성들을 힘들게 하고 그들의 재산을 축나게 함으로써 백성들이 왕에 대하여 원망하는 마음을 품고 있으니, 이러한 상황을 어찌 조화롭다고 말할 수 있겠습니까? 백성들이 좋아하는 일은 대부분 성공하고, 백성들이 싫어하는 일은 거의 다 실패하는 법입니다. 이것이 '여러 사람의 마음이 하나로 뭉치면 성을 이루고(중심성성), 여러 사람의 입에 오르면 쇠도 녹인다(중구삭금).'라고 말하는 이치입니다."라고 간언하였다.

2 ___ 위기는 기회: 위기=위험+기회

2015년에 제조업 경쟁력 지수(CIPCompetitive Industrial Performance Index)가

중국에 추월당했다. CIP는 국제연합(유엔)공업개발기구(UNIDO)에서 매년 발표하는 지수이다. CIP를 통해 제조업 1인당 부가가치, 수출 지표, 제조업 부가가치의 국가위상 등 제조업 경쟁력을 총체적으로 이해할 수 있다. 아울러 우리나라는 이제 액정표시장치(LCD) 패널 1위 국가가 아니다. 2000년대 초 삼성과 LG디스플레이의 적극적인 투자 확대로 일본을 꺾고 10여 년간 세계 1위를 고수했으나, 2017년부터 중국에게 추월당했다. 우리나라의 자동차 생산량 순위는 2016년 인도에게 5위 자리를 내준 후, 지난해는 자동차 생산량이 10대 자동차 생산국 중 유일하게 3년 연속 감소하며, 멕시코에 이어 세계 7위로 하락했다.

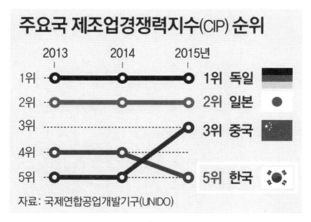

———— 한국 제조업 경쟁력, 中에 이미 추월당해, 『donga.com』 2018. 4. 9.

　우리나라는 안으로는 고령화, 저출산, 저성장, 취업난 등으로, 밖으로는 중국의 추월, 인도와 멕시코의 도전 등으로 매우 위태롭고 어려운 상황에 직면하고 있다. 사전은 위기를 위험한 고비나 시기라고 정의하지만, 위기는 위험과 기회의 합성어로 위기危機의 위危는 '위험', 기機는 '기회'를 의미한다. "위기 속에 기회가 있다."는 말처럼 우리나라는 1997년 외환위기 때와 2008년 글로벌 금융위기 때에도 모든 국민이 단합된 힘으로 위기를 성공적으로 극복하고 경제를 일으켜 세운 저력이 있다. 그러므로 위기인 지금이 바로 기회이므로 국가적 대화합과 코페르니쿠스적 발상 전환(이 책 p.239 참조)이 필요하다.

3 ___ 대화합은 선진 신뢰 국가 진입의 전기

우리나라에서 아는 사람들끼리 술자리에서나 잡담할 때 묻지 말라고 하는 '네 가지 우스운 이야기'가 있다. 왜냐하면 네 가지 중에서 한 가지만 물어봐도 대화 중에 다툼이 발생하기 때문이다. 먼저, 종교가 무엇인지 묻지 말고 둘째, 지지하는 정당을 묻지 말고 셋째, 태어난 곳 또는 사는 곳이 어디인지 묻지 말고 마지막으로, 나이(연세)를 묻지 말라는 것이다. 이는 종교갈등, 이념갈등, 지역갈등, 세대갈등 등을 풍자하고 꼬집어 말하는 것으로 우리나라의 발전과 단결을 방해하는 암적 요소들이다. 우리는 지금 여야와 좌우대립, 보수와 진보의 갈등, 지역주의, 세대갈등 및 남남갈등 등으로 다툴 시간 여유가 없다.

공직자와 정부(국가)는 앞으로는 위 네 가지를 물어도 다툼이 일어나지 않게 관리를 잘 해야 한다는 생각에 중심성성이라는 성어가 마음에 다가온다. 그러므로 정치인, 경제인, 문화인, 대중소기업, 가맹본부와 가맹점주, 민관군 등 우리나라 모든 사람이 마음을 하나로 합쳐 대동단결(大同團結)할 수 있는 분위기를 공직자와 국가는 조성해 나가야 한다. 상생과 대화합하고 포용할 수 있는 분위기가 조성된다면, 지금이 바로 우리 나라가 다시 도약하고 발전하여 한반도 시대를 열고 세계를 선도할 선진 신뢰 강국으로 진입하는 기회이자 전기가 될 것으로 확신한다.

한반도 시대와 세방화

국외적으로는 북미정상회담, 북중정상회담, 북러정상회담, 미중무역 전쟁 등, 국내적으로는 남북정상회담, 사법농단, 사립유치원 비리, 공사채용 비리, 버닝썬 경찰유착 등 여러 가지 사안들로 우리 정치와 경제 상황이 요동치고 있다. 이런 급변하는 소용돌이 속에서 손을 놓고 쳐다만 봐서는 뒤로 후퇴할 뿐 앞으로 나아갈 수가 없다. 현재 우리나라가 직면한 많은 어려움을 뛰어넘어 다시 도약하고 발전하여 한반도 시대를 열고 신나는 선진 신뢰 국가로 나아가기 위해서는 공직자 여러분이 앞장서서 솔선수범하면서 국민들이 동참하도록 이끌어야 한다. 그래서 칠전팔기의 정신으로 재도약하여 한반도 시대를 열고 세방화世方化를 통해 세계를 리드하는 지혜를 얻고자 한다.

1 ___ 칠전팔기 七顚八起

'칠전팔기'는 '일곱 번 넘어지고 여덟 번 일어난다.'는 뜻으로, 실패를 거듭해도 결코 포기하거나 굴하지 않고 계속 분투하여 노력함을 비유적으로 표현한 사자성어이다. 백 번 꺾여도 굴하지 않는다는 뜻으로 어떤 어려움에도 굽히지 않는다는 백절불굴百折不屈도 칠전팔기와 비슷한 의미이다.

전투에 져서 적군에게 쫓기는 한 장수가 조그만 굴에 몸을 숨기자, 거미가 굴 입구에 거미줄을 쳤다. 장수는 아무 생각 없이 거미줄을 손으로 일곱 번이나 걷었는데도 거미가 여전히 여덟 번째 거미줄을 치는 것을 보고 포기하지 않는 거미의 우둔함을 탓하였다. 이때 적군의 수색대가 굴 입구에 왔다. 장수는 이젠 죽었구나 싶어 몸을 납작 엎드린 채 숨을 죽이고 있었는데, 한 병사가 거미줄로 입구가 막힌 것을 보고는 수색할 필요가 없다며 돌아갔다. 거미의 포기하지 않는 불굴의 정신에 큰 깨달음을 얻은 장수는 재기하여 큰 공을 세웠다고 한다. 이것이 칠전팔기의 유래라는 설도 있다. 또한 구약성경 잠언 24장 16절에는 "대저 의인은 일곱 번 넘어질지라도 다시 일어나려니와 악인은 재앙으로 말미암아 엎드러지느니라"는 말씀이 있다. 우리나라도 의인처럼 다시 일어나 도약을 해야 한다.

2 ___ 재도약 운동

1997년 IMF 외환위기 당시에 온 나라가 하나로 똘똘 뭉쳐, 우리 국민들이 나랏빚을 갚기 위해 자발적으로 금 모으기를 했고, 2008년 글로벌 금융위기 때는 기업들의 한발 빠른 투자와 정부의 대규모 재정 집행을 통해 위기를 극복했다. 우리는 지금 한시라도 헛되이 시간을 낭비할 수가 없다. 계속해서 시간을 낭비하고 분열하며 갈등을 되풀이 한다면 역사의 수레바퀴를 뒤로 돌리게 되어 우리 후손을 볼 면목이 없어진다. 그러나 화합과 대동단결로 힘을 합쳐 여러 가지 어려움을 극복한다면 한반도 시대를 열고 세방화를 통해 세계를 리드하면서 신나게 공정한 신뢰 국가인 선진 대한민국을 후손에게 물려줄 수 있다. 그래서 저자는, IMF 외환위기 때에 자발적으로 금 모으기 운동을 한 것처럼, 글로벌 금융위기 때에 정부와 기업이 선제적으로 대응을 잘한 것처럼, "우리나라 재도약 운동"을 제안한다. 이 운동이 전국 방방곡곡에서 메아리치고 끊임없이 울려 퍼져 한반도 시대를 열어 나아가기를 기대한다.

3 ___ 세방화世方化 글로컬라이제이션Glocalization

세방화(세계화+지방화)는 글로벌라이제이션Globalization(세계화)과 로컬라이제이션Localization(지방화/현지화/한국화)을 합성한 단어로, 세계적으로 생각하고 지역적으로 행동하자는 의미인데 경영학 마케팅 분야에서 주로 사용된다. 세방화 전략은 기업 경영에 전 세계 시장을 대상으로 경영활동을 수행하되 현지의 사업 환경(문화, 기호, 소비자 행동의 차이 등)을 반영하여 현지에 맞는 전략을 실행하는 전략이다. 기업의 전략방향이나 기본적 가치관은 동일하게 운영하되, 제품의 성능이나 마케팅 방식, 조직 운영 등은 현지 실정에 맞게 수정함으로써 경쟁력을 강화하기 위해 노력한다. 지방 고유의 독창성을 세계적인 사고와 방식으로 소개하여 세계인들에게 그 접근성을 높이는 전략을 주로 사용한다. 글로컬 기업은 그 영역과 범위에 있어서 국제적일 수 있는 기술을 보유하되, 시장에 있어서는 지역적 특성을 살려나가는 기업을 말한다(네이버 지식백과, 위키백과 등 참조). 저자는 세방화 개념을 경영학에 한정하지 않고 확대해서 정치, 경제, 문화, 교육 등 다양한 분야에서 세계화와 한국화(현지화)를 이루어, 우리나라가 세계를 리드할 수 있는 전략의 일환으로 사용하고자 한다.

4 ___ 한반도 시대를 열기 위한 제언:
부국강병과 코페르니쿠스적 발상 전환

우리나라가 재도약하여 한국인의 기상을 드높이고 한반도의 평화와 세계평화를 유지하면서 한반도 시대를 열고 세방화를 통해 세계를 리드하기 위해서는 첫째, 국민이 부유하고 행복해지면서 국가를 사랑하는 마음이 있어야 한다. 둘째, 부국강병富國强兵 즉, 막강한 국력이 있어야 한다. 다시 강조해서 말하면 국민은 역량을 강화하면서 국가를 수호하려는 안보의식이 있어야 하고, 국가는 막강해져 스스로 나라를 지키고 성장해나갈 수 있는 군사력, 경제력, 외교력, 문화력 등 강력한 국력이 있어야 한다.

북한은 사회주의를, 미국은 자유주의를 바탕으로 하고 있고 사상적으로 보면 미국은 우파이고 보수이며 북한은 좌파이고 진보라고 말할 수 있다. 이런 미국과 북한 양국이 70년 동안의 대립을 청산하고 세기의 회담(1차, 2차 북미정상회담)을 한 것은 **코페르니쿠스적 전환**(천동설을 부정하고 지동설을 주장한 코페르니쿠스의 이름을 따서, 사고방식이나 견해가 기존과 완전히 달라지는 것을 말함)이자 세계사적 대사건이다. 하지만 우리는 보수와 진보의 대립, 좌파와 우파의 갈등, 여당과 야당의 당리당략 속에서 국가적 화합을 이루어 내지 못하고 있다. 그러므로 여당은 국민의 지지율만을 고집하거나 교만하지 말고 야당은 반대를 위한 반대만을 하지 말고 여야가 서로 협력하고, 정치계 · 노동계 · 경제계 · 문화계 · 교육계 등 모든 분야에서 서로 막가파식 비난보다는 합리적 대안을 제시하고 대화와 토론을 통해서 서로 협력하는 코페르니쿠스적 발상 전환을 통해 부국강병

을 이루어 한반도 시대를 개척하고 세방화로 나아가 세계를 리드하면서
우리 후손에게 신나게 행복하고 공정하며 신뢰가 넘치는 선진 대한민국
을 물려주어야 한다.

여수장우중문시 與隋將于仲文詩

신책구천문 神策究天文　묘산궁지리 妙算窮地理

전승공기고 戰勝功旣高　지족원운지 知足願云止

● 신기한 책략은 하늘의 이치에 달하였고,
　오묘한 계산은 땅의 이치에 통달하였도다.
　전쟁에서 이긴 공로가 이미 높으니,
　만족함을 알고 그만두기를 바라노라.

—— 살수 薩水(청천강) 대첩 당시 고구려 명장 을지문덕 乙支文德이 중국 수나라 장수 우중문에게 지어 보낸 오언사구의 현전하는 가장 오래된 한시.

적장에게 항복을 종용하는 전략과 전술로, 수나라 대군을 크게 쳐부순 을지문덕 장군의 지혜와 기개와 자신감을 계승하여 우리나라 안팎의 여러 어려움을 극복하여 부국강병을 통해 선진 신뢰 국가를 건설하자는 마음에서 「여수장우중문시」를 수록

찾아보기

/

참고문헌

—— 참고문헌

⊙ 정부발간 서적
- 『2015 청렴 사연 수기 공모전 수상작품집』 국민권익위원회.
- 『2017 적극행정 우수사례집』, 인사기획처(2018).
- 『사례로 보는 기업고충 해결 이야기』, 국민권익위원회(2018).
- 『4차 산업혁명 대응계획 I-KOREA 4.0』, 4차 산업혁명위원회(2017년 11월).
- 『구국의 별 강감찬』, 관악구(2018).

⊙ 한문 서적
- 김동구, 『명문 명심보감』, 명문당(2013).
- 김학주, 『고문진보』 전집·후집, 명문당(2009).
- 김학주, 『서경』, 명문당(2012).
- 김학주, 『시경』, 명문당(2012).
- 윤재근, 『사람인가를 묻는 논어』 Ⅰ·Ⅱ, 동학사(2004).
- 이기동, 『맹자강설』, 성균관대학교 출판부(2016).
- 이형란·왕옥하, 『중국어 관용어사전』, 넥서스(2004).
- 장개충, 『고사성어·숙어 대백과』, 명문당(2007).
- 정민호, 『한국인의 한시漢詩』, 명문당(2016).
- 『중화경전장서中華經典藏書』, 중화서국中華書局(2016).
- 진기환, 『중국인의 속담』, 명륜당(2007).

- 최봉원, 『중국고전산문』, 다락원(2003).
- 최정화 · 유향미 감수, 『3단계 사자소학』, 도서출판 창(2016).
- 황병국, 『채근담』, 혜원출판사(2010).

◉ 4차 산업혁명 및 기타 서적

- 김난도 외7, 『트렌드 코리아 2018』, 미래의창(2017).
- 김난도 외8, 『트렌드 코리아 2019』, 미래의창(2018).
- 김성철, 『THIS IS 방탄DNA』, 독서광(2017).
- 김희철, 『4차 산업혁명의 실체』, 북랩(2017).
- 돈 탭스콧 외1, 『블록체인 혁명』, 박지훈 옮김, 을유문화사(2017).
- 박영숙 · 제롬 글렌, 『세계미래보고서 2055』, 비즈니스북스(2018).
- 박영숙 · 제롬 글렌, 『세계미래보고서 2018』, 비즈니스북스(2017).
- 신지나 외4, 『인공지능은 어떻게 산업의 미래를 바꾸는가』, 한스미디어(2016).
- 윤상진, 『플랫폼이란 무엇인가?』, 한빛비즈(2014).
- 이가 야스요, 『생산성: 기업 제1의 존재 이유』, 황혜숙 옮김, 쌤앤파커스(2017).
- 장병규, 『장병규의 스타트업 한국』, 넥서스(2018).
- 전광, 『행복의 문을 여는 열쇠, 평생감사』, 생명의말씀사(2007).
- 차두원 외1, 『초연결시대, 공유경제와 사물인터넷의 미래』, 한스미디어(2017).
- 찰스 밥콕, 『클라우드 혁명』, 최윤희 옮김, 한빛비즈(2011).
- 최대익, 『백성의 종, 반석평』, 가디언(2016).

- 최순화,『뉴노멀 시대의 마케팅』, 세종서적(2017).
- 최은수,『4차 산업혁명 그 이후 미래의 지배자들』, 비즈니스북스 (2018).
- 피터 한센,『뉴노멀』, 이영진 옮김, 흐름출판(2014).
- 한인탁 외7,『디지털홈과 U라이프』, 전자신문사(2010).
- 호드 립슨, 멜바 컬만,『넥스트 모바일 : 자율주행혁명』, 박세연 옮 김, 길벗(2017).

◉ 사전류
- Bai(百度) 지식백과 및 어학사전.
- 네이버 지식백과 및 어학사전.
- 다음 지식백과 및 어학사전.
- 위키백과, 나무위키.